POLITIQUERÍAS

GLOSARIO PARA ENTENDER
EL TEJEMANEJE DE LAS ELECCIONES
EN MÉXICO

POLITIQUERÍAS

**GLOSARIO PARA ENTENDER
EL TEJEMANEJE DE LAS ELECCIONES
EN MÉXICO**

Fernando Montes de Oca Sicilia

Grijalbo

algarabía EDITORIAL

Politiquerías
Glosario para entender
el tejemaneje de las elecciones en México

Primera edición: junio, 2018

D. R. © 2018, Fernando Montes de Oca Sicilia

Coedición:
Editorial Otras Inquisiciones, S. A. de C. V.
Penguin Random House Grupo Editorial, S. A. de C. V.

D.R. © 2018, Editorial Otras Inquisiciones, S. A. de C. V.
Pitágoras núm. 736, 1er piso, colonia Del Valle, delegación Benito Juárez,
C. P. 03020, México, Ciudad de México

D. R. © 2018, derechos de edición mundiales en lengua castellana:
Penguin Random House Grupo Editorial, S. A. de C. V.
Blvd. Miguel de Cervantes Saavedra núm. 301, 1er piso,
colonia Granada, delegación Miguel Hidalgo, C. P. 11520,
Ciudad de México

www.megustaleer.mx

Impreso en Litográfica Ingramex S.A. de C.V.

ISBN: 978-607-316-759-8

Impreso en México – *Printed in Mexico*

El papel utilizado para la impresión de este libro ha sido fabricado a partir de madera procedente
de bosques y plantaciones gestionadas con los más altos estándares ambientales, garantizando
una explotación de los recursos sostenible con el medio ambiente y beneficiosa para las personas.

Penguin
Random House
Grupo Editorial

ÍNDICE

PRESENTACIÓN

La democracia electoral en México se ha convertido en un juego de simulaciones, hipocresías y marrullerías. En el fondo, buena parte del problema radica en el escaso o nulo compromiso de los partidos políticos con una democracia —valga la expresión— de *fair play*, en donde la propuesta clara, el debate honesto y la persuasión de las ideas están por encima de la apuesta clientelar, las mentiras descaradas y las trampas que, digan lo que digan, la mayoría de los partidos privilegian a la hora de estar en campaña y acudir a una contienda electoral. Todo esto redunda en que la democracia en México adquiera una apariencia cada vez más ridícula y alejada de su esencia que es la búsqueda en común de soluciones a los problemas que golpean a la sociedad.

Es normal que al final de este juego en donde lo que importa es ganar a como dé lugar, sin construir soluciones para los problemas que aquejan a la ciudadanía, quede una sensación de profunda desconfianza, la cual es sembrada por los perdedores, quienes creen que en todo el proceso o en alguna parte de éste se cometieron injusticias en su contra, ya sea por parte del partido o candidato ganador o por las instituciones que arbitran y sancionan los comicios. Pero desconfianza también propiciada por los ganadores, quienes burlan las embrolladas reglas del juego para obtener el triunfo, sabiendo que le será difícil al contrincante demostrar, legalmente, la verdad legal de un supuesto fraude. Lo importante para los partidos no es que se cometan irregularidades, sino que se cometan con el cuidado suficiente para evitar una impugnación. Pero este hecho no conviene a nadie, ni siquiera al victorioso, aunque haya obtenido lo que buscaba, ya que la legitimidad con la que arriba al poder es escasa casi siempre, producto, precisamente, de esa desconfianza.

Se ha convertido ya en una norma de la política mexicana que luego de cada proceso electoral se convoque a reformar —y complicar aún más— las reglas del juego, bajo la justificación de que se deben mejorar los candados para evitar que la desconfianza crezca por las chapuzas que llevan a cabo los partidos. Se agregan causales de nulidad, se escriben nuevos artículos, se multiplican los supuestos controles, se aprueban reglamentos y un largo etcétera. Pero la conformidad con cada reforma dura hasta que pasa la siguiente elección, en la cual vuelven las trampas e inconformidades. Y así el ciclo continúa con una nueva reforma en la que se inventan reglas que, por mucho que lo digan, los partidos no están dispuestos a cumplir si eso significa no ganar la elección.

El problema fundamental es la falta de voluntad de los partidos por respetar, no digamos ya las reglas que ellos mismos fijan, sino el más básico sentido de la decencia y del respeto hacia el ciudadano. Para la mayoría de los partidos, los ciudadanos son incapaces de organizarse para participar en la discusión de los asuntos de la vida pública. Para ellos, sólo son votantes a los que hay que buscar cada vez que hay elecciones y prometerles cualquier cosa, sea o no posible. Mientras exista esta visión obtusa de la democracia en los partidos, difícilmente podrá haber cambios sustanciales en los comicios, y lo que veremos en adelante serán formas de engaño cada vez más sofisticadas en unos procesos donde la ética más elemental es la gran ausente.

Ricardo Cisneros Hernández

INTRODUCCIÓN

México de mis amores, de mis pecados, de mis alegrías y tristezas; país que se niega a claudicar a pesar de los agravios que cometemos a diario en su contra; lleno de ciudadanos que no entienden de críticas y responsabilidades, dispuestos a echar culpas y ofensas a diestra y siniestra; «ciudadanía» de la que emergen nuestras clases: política, empresarial, clerical, militar, etcétera, que padece de los mismos complejos, prejuicios, fanatismos y supersticiones de la masa a la que dirigen.

Pero no se asuste, querido lector, toda esa catársis del párrafo anterior es una simple interpretación para dar contexto a las páginas venideras, llenas de triquiñuelas y felonías, en las que encontrará divertimentos y acepciones —cada una con su ejemplo de la vida real— de actos frecuentes en nuestro complejo sistema democrático.

También disfrutará de datos curiosos sobre nuestros expresidentes, mandamientos para el «buen político», citas literarias, de personajes famosos y del pueblo; en fin, un amplio panorama de colores y tonos para entender —si es posible— un poco más del toma y daca, el tejemaneje y el estira y afloje de las elecciones en nuestra gran nación.

Pásele, sin temor ni aficiones encarnadas, a dar un recorrido al estrambótico y singular mundo del voto y el votado.

Fernando Montes de Oca Sicilia

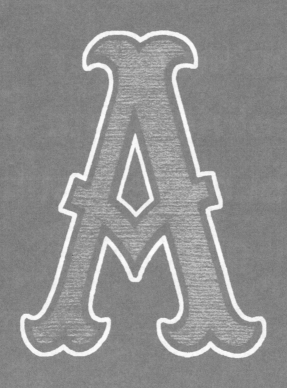

«Con un poder
absoluto hasta a
un burro le resulta
fácil gobernar.»

Conde de Cavour

abstencionismo

Práctica ciudadana que consiste en intervenir, de manera mínima, en la vida política de un país y que se acentúa durante el periodo electoral por medio de su renuncia al voto. Se asocia a una actitud apática, derivada de la integración política insuficiente.

 *Me valen un pepino las elecciones, prefiero quedarme a ver el fut. Yo a lo único que le voy es al* **abstencionismo.**

acarreado

Individuo que carece de criterio para decidir y le va al partido que mejor le «convenga» económicamente. Es aquel a quien le pagan e, incluso, lo llevan casi de la mano para que sea participante de un mitin o de una manifestación, o bien, para votar por un partido político.

🤝 *Nunca pensé que llegara tanto* **acarreado;** *hay que conseguir más camiones para irnos a la capital.*

alquimista

Es el que, detrás de las bambalinas electorales, realiza su magia para que triunfe el partido al que apoya; es decir, convierte los votos oponentes en votos en pro de su partido; «rasura» los padrones electorales; impone funcionarios de casilla; logra hacer votar a los muertos o anula las papeletas electorales de quienes están con el adversario.

¡Eres un pinche mago! ¿Cómo le hiciste para que los muertos votaran por nuestro candidato? Ni un **alquimista** *lo hubiera hecho mejor.*

---

apatía estabilizadora

Falta de interés del ciudadano en todo lo que concierne al ámbito político, debido a los pocos resultados que percibe sexenio tras sexenio; no obstante, ésta tiende a ser muy útil dentro de un sistema, como el «democrático», pues si no existe demanda por parte del pueblo, se reduce la tensión del gobierno para atender absolutamente a todas las reclamaciones, dejándolo fluir de manera «efectiva».

🤝 *Ni madres, yo no voy a ir a votar, siempre ganan los mismos. Aparte, contribuyo mucho más a la nación con mi* **apatía estabilizadora.**

aplanadora

Término que se utilizaba para referirse al Partido Revolucionario Institucional en su momento de gloria, cuando durante las elecciones arrasaba con el número de votos a favor, en contraste con los partidos opositores.

Ahora, como la **aplanadora** *que fuimos, en el Congreso podremos imponer lo que se nos dé la gana.*

autoritarismo

Son las decisiones que toma un gobierno sobre su actividad política legal, sin considerar ninguna otra opinión; es decir, implanta ideas —buenas o malas— en donde el único fin es el poder. Muchas ocasiones suele favorecer a organizaciones privadas, debido a ciertos intereses, particularmente económicos; además, enfatiza la jerarquía como su principio de orden, dando como resultado la negación de la igualdad.

*Otra vez la burra al trigo. No aprendemos y seguimos votando por el **autoritarismo** de ese pinche partido.*

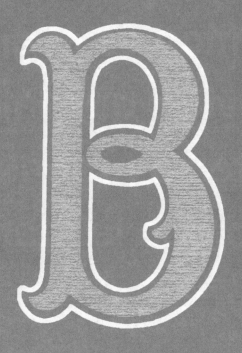

«Política es el arte de evitar que la gente se preocupe de lo que le atañe.»

Paul Valéry

bajo perfil

Estrategia de un candidato para mantener una actitud discreta ante el ojo público con el fin de evitar metidas de pata y, por tanto, rechazos por parte de los ciudadanos; se presenta ante los medios de comunicación lo suficiente como para ser notado y también para pasar desapercibido sin incitar a la polémica, generando un impacto positivo ante los electores.

🤝 *Ese candidato prefiere mantener un* **bajo perfil** *porque sabe que tiene mucha cola que le pisen.*

Barnum, efecto

Durante las elecciones, los partidos políticos suelen aprovechar este fenómeno para utilizarlo como estrategia de campaña. Es producto de la ingenuidad de los ciudadanos, pues se les hace creer que las descripciones dichas en campaña sobre la personalidad, promesas de sexenio o reputación de un candidato son ciertas, ya sea para perjudicar al oponente o favorecer al propio.

🤝 *Esos pendejos creen que sólo porque su candidato tiene carita de buena gente será un buen presidente. Les están aplicando el* **efecto Barnum.**

---

barrera electoral

Es la cantidad mínima de votos a favor que un partido político necesita para ocupar un escaño dentro de algún órgano legislativo. Esta especie de referéndum obstaculiza el incremento de los partidos minoritarios; es decir, a la oposición política, beneficiando a aquellos con una mayor trayectoria en el robo nacional.

Este año pensé que sí entraría mi partido, compadre, pero con esa pinche **barrera electoral,** *los malditos dinosaurios nunca nos dejarán entrar.*

base de poder

Elemento fundamental del que depende un político. Esencialmente refiere a la entidad de donde proviene o reside; a la gente que lo respalda o aconseja en sus propuestas o los funcionarios de su partido que lo amparan, ya que es a partir de la aceptación de ellos que se hará el primer juicio sobre si es el indicado a postularse. Si los votos no reflejan tal «fidelidad», quiere decir que no era adecuado, pues en esa base de poder es donde se encuentran las personas que mejor lo conocen.

🤝 *Ese candidato norteño piensa que por ser muy popular en su pinche pueblo puede ganar en todo el país. Solamente tiene a su* **base de poder** *y ni a uno más.*

burocratización

Padecimiento nacional que ataca a los órganos internos de las dependencias públicas, con la cual aumenta de forma inútil sus elementos administrativos, provocando procesos que entorpecen la realización de los trámites —como registros o inscripciones de carácter oficial— a los ciudadanos.

🤝 *Con la estúpida* **burocratización,** *no he podido cobrar mi pensión. Me traen de aquí para allá y cada vez me piden más papeles; sólo les falta mandarme a la China por un sello más.*

---

1. Directa

Es el sistema más sencillo de la democracia, en donde el poder es ejercido por los ciudadanos directamente, ya que suele establecerse en lugares donde la población no es mucha y se puede realizar la toma de decisiones por los ciudadanos o, en su caso, por delegados para que esas decisiones se agilicen. En la democracia ateniense esta función recaía en la asamblea. En la actualidad este tipo de democracias se ven ofuscadas, en la mayoría de los lugares, porque la población es excesiva para su práctica eficiente.

«Yo imagino que es bueno mandar, aunque sea a un hato de ganado.»

Miguel de Cervantes Saavedra

caballada

xpresión atribuida hace algunos ayeres al
entonces cacique del estado de Guerrero,
Rubén Figueroa, cuando mencionó, de
forma metafórica, a los posibles candidatos para
los puestos de elección popular que no contaban
con los «tamaños» para ocupar esas sillas. En
otros términos, se refiere a las futuras opciones
de un partido político que serán postuladas para
su candidatura.

🤝 *Está tan flaca la* **caballada** *para
este nuevo sexenio, que hasta
parecen perros.*

---

cacique

igura actual del feudalismo. Persona que no pertenece formalmente a ninguna institución gubernamental y quien, sin embargo, ejerce poder absoluto sobre todos los habitantes y las decisiones en una región o, al menos, goza de una fuerte influencia sobre las decisiones de «su comunidad». Actualmente, en ciertos estados, algunos caciques —protegidos por este título— siguen gozando del derecho de pernada.

🤝 *Ni el pinche diputadillo que vino de la capital del estado podrá ponerse en contra de las decisiones que, por sus pistolas, tome el* **cacique.**

caerse el sistema

U na de las tantas formas de fraude electoral donde se simula una falla en las computadoras o en las redes, y que sucede «casualmente» durante el conteo de votos para perjudicar al candidato del partido acordado.

🤝 *El Instituto prometió que estas elecciones serían limpias; pero ayer a las 10 p.m. teníamos ventaja de seis puntos, de pronto se cayó el sistema y nos aventajaron por cuatro. ¡De veras que no tienen madre!*

cargada

Se refiere a la gran cantidad de apoyos que surgen después de que un político ha anunciado su postulación para un puesto público muy importante —como la presidencia—. La mayoría de las veces dicho apoyo proviene del oportunismo de ciertas personas que han colaborado con él, de empresarios y hasta de rangos más bajos que esperan algún beneficio futuro cuando el sujeto alcance la victoria.

🤝 *Decían que era el más pendejo del gabinete, y ahora que lo destaparon la* **cargada** *está más choncha que la de Napoleón.*

carro completo

Es cuando todos los candidatos de un mismo partido político resultan ganadores, gracias al uso de embustes y cohechos. Muchas veces existe un tercero al mando quien nombra a los que se postularán, los cuales obtienen el triunfo automáticamente, muy a pesar de la elección popular.

🤝 *No puede ser que no haya ni un solo voto a favor de mi candidato en la casilla, yo voté por él. ¡Ya se llevaron el* carro completo!

carrusel

Fraude que se realiza durante las elecciones y en donde una o varias personas votan más de una vez en distintas casillas, utilizando diversas credenciales de elector. Otras veces, un individuo finge haber votado y deposita sus papeletas; sin embargo, éstas son llevadas a la casilla donde se cree que harán falta votos para el partido al que intentan favorecer.

🤝 *Ahora sí se pasaron de ratas; ese* **carrusel** *estuvo más grande que el de Disneylandia, ¡no mamen!*

casilla zapato

Se refiere a la casilla que, después de haber terminado el conteo de votos, sólo tiene boletas a favor de un candidato o hasta de un solo partido, lo cual se percibe bastante irregular. El término se relaciona con el juego de ajedrez, cuando se obtienen resultados convenientes para un jugador.

🤝 ¡No la chiflen que es cantada!, ¿579 a 0? No se los cree ni su pinche madre, eso seguro que era una **casilla zapato**.

---

caudillo

Se le dice así al político, gobernador o candidato famoso y respetado que toma decisiones en representación de la comunidad, sin importar que vaya contra las leyes o los ideales de los individuos. Es, en pocas palabras, un líder autoritario. Dicho término se acuñó en el siglo XIX, en Hispanoamérica, para referirse a un personaje que pretendía ser gobernante usando simplemente su carisma.

*Yo estoy con mi **caudillo**; prometió no cobrar ningún impuesto, aunque se pase la ley por el arco del triunfo.*

cisma político

S e refiere a un evento que genera inestabilidad en un partido, debido a un destape, descubrimiento o comprobación que afectan la imagen, la reputación o la aceptación no sólo del pueblo, sino de la gente que lo rodea; es decir, su base de poder.

🤝 *Esto, más que* cisma político, *es sismo; el partido quedó todo cuarteado después de estas elecciones.*

clase política

C onjunto de personajes que tienen presencia o aspiraciones a puestos de elección popular o de alto nivel mandatario en el gobierno; no obstante, varios ya poseen, por herencia profesional e ideológica, un lugar en dicha ralea.

🤝 *Estamos jodidos con esta* **clase política** *que nos gobierna; de todos sus miembros no se hace uno.*

cola que le pisen

Expresión que manifiesta las circunstancias pasadas o actuales producidas por conductas deshonestas, autoritarias o irregulares que utilizan la mayoría de los políticos durante el tiempo de campaña para desacreditar a sus oponentes o para decir que ellos carecen de ésta y marcar la diferencia sobre su adversario, vendiéndose como los candidatos más honestos, ideales para ocupar un puesto.

🤝 *Ese candidato tiene más* **cola que le pisen** *que el mismísimo Godzilla.*

compadrazgo

Clase de nepotismo «no familiar» en el que se comparte o regala el poder o su ascenso a éste por simple amistad o parentesco. Este término alude a la relación social de dos individuos que se convierten en parientes a través de un ritual religioso, pero en este caso lo hacen por un ritual político que se transmite de generación en generación por los dinosaurios del Estado.

🤝 *¡Ése es mi* **compadre!** *Por lo menos me colocó en una subsecretaría.*

compló

Expresión utilizada por López Obrador cuando, sin fundamentos, pensó que existía un ataque orquestado en su contra. Muchas veces es el único argumento al que recurre para defenderse cuando tiene varias denuncias en su contra. Pero, según WikiLeaks, el compló de 2006 sí existió, y en éste se veían involucrados tres personajes importantes: el consejero del IFE, Arturo Sánchez Gutiérrez; el subgobernador de Banxico, José Sidaoui, y Cuauhtémoc Cárdenas Solórzano, aunque usted no lo crea.

🤝 *¡Esto es un* **compló***! El desfalco por 30 mil millones en el erario es sólo un malentendido.*

---

contubernio

Intercambio de favores entre políticos donde se ve involucrada la complicidad para hacer u ocultar algo indebido, generando redes horrorosas de influencias. Dicho término proviene de una palabra griega que describe las relaciones sexuales que tenían los amos con sus esclavos, de las que nacían hijos a quienes no se reconocía ni como escalvos ni como personas; eran, simplemente, engendros.

🤝 *Te digo que te conviene, colega. Mira, dame la candidatura pa' gobernador y te dejo la vía libre para la del Senado. El **contubernio** nos conviene a los dos.*

contlapache

La alcahueta de los políticos. Proviene del náhuatl *tloapachoa*, 'cubrir la gallina los huevos'; es decir, encubridor, aunque también puede ser sinónimo de *compinche*, algo así como el Sancho Panza de un hidalgo que se destaca por sus hazañas al cometer actos ilíctios.

No se preocupe, mi lic, aquí me tiene para que la prensa no se entere de lo de su 'casa chica'; para contlapache *me pinto solo.*

cucharear

Expresión que se utiliza cuando se «maquillan» las cifras; en otros términos, quiere decir que se manipulan los datos, ya sea a favor o en contra de algún candidato. Generalmente es un término muy empleado por el bando de las izquierdas, casi en cada proceso electoral, para mostrar su incredulidad ante los votos que muestran la preferencia de un candidato que no pertenece a su partido.

🤝 *Vamos muy abajo, necesitamos alguna encuestadora medio desconocida para que* **cucharee** *los resultados de nuestro distrito.*

«Sólo me fío de las estadísticas que he manipulado.»

Winston Churchill

chachalaca

Ave del tamaño de la gallina, con cola larga y alas cortas, de plumaje café verdoso y vientre blanco, la cual emite un cloqueo bastante fuerte. Por analogía: persona que habla mucho y sin sentido. Hablador, lenguaraz. Una expresión usada por Andrés Manuel López Obrador y dirigida al entonces presidente Vicente Fox que, sin duda, marcó la contienda presidencial del año 2006.

 ¡Cá-lla-te, cha-cha-la-ca!

chamaquear

Engañar fácilmente, abusando de la credulidad e inexperiencia de otra persona. Lo que sucede casi siempre en cada temporada de elecciones, cuando los candidatos de cualquier partido hacen un montón de promesas a los ciudadanos, quienes se las comen sin chistar, igual que como se comen las tortas de un mitin al que acudieron de acarreados.

Ya nos volvieron a **chamaquear**; otras elecciones que votamos por un sinvergüeza.

---

chanchullo

Ardid, plan, propósito o medio discreto e ilícito con el que se intenta obtener un beneficio —generalmente, financiero—. Es una artimaña muy usada por la élite política, quienes se confabulan para elaborar el mejor plan que los lleve a cumplir sus metas y saciar su hambre de poder.

 *Con tantos* **chanchullos** *dentro del manejo de los paquetes electorales, se me hace que nos va a caer el chahuistle.*

chapulín

Insecto de color verde amarillento o café, herbívoro, con patas traseras muy fuertes que le permiten dar grandes saltos. Por analogía: funcionario público que cambia constantemente de puesto, cargo público o partido político para no perder su hueso, quien justifica su acción argumentando que su partido ha cambiado y ya no está de acuerdo con sus prácticas porque van en contra de su moral y ética políticas.

🤝 *En esta legislatura hay más* **chapulines** *que en todo Oaxaca.*

---

chaquetear

Cambiar de ideas o de partido político por interés. Este verbo refiere a uno de los principales quehaceres del burócrata; es decir, cuidar su puesto o su alto ingreso mensual sin importarle futuras contradicciones sobre las doctrinas que apoyaba anteriormente.

«Estos son mis principios; si no le gustan, tengo otros», dijo el **chaquetero.**

charolazo

Es cuando un individuo muestra una credencial, gafete o placa que lo hace alardear o «farolear» sobre su pertenencia a algún puesto gubernamental, la mayoría de las veces con el fin de evitar alguna infracción o conseguir otro tipo de beneficio.

Ahora sí me apendejé. Traté de infraccionar sin razón a un tipo que iba en su coche de lujo, y que me avienta el **charolazo.**

---

charro

Se le llama así al líder sindical que se distingue por no apoyar a sus agremiados y únicamente se dedica a acumular riqueza a expensas del empobrecimiento de sus trabajadores. El término se acuñó durante la administración de Miguel Alemán a finales de la década de los 40, cuando Jesús Díaz de León, alias «el Charro», coludido con el gobierno, tomó por la fuerza al Sindicato de Trabajadores Ferrocarrileros de la República Mexicana; de ahí emergió la expresión «el charrazo», que denota el uso del poder gubernamental para elegir a los dirigentes sindicales.

🤝 *¡Ese es mi **charro**, 35 años de líder del sindicato, apapachándonos a nosotros, sus impolutos colegas!*

chayote

Dádivas que reciben algunos periodistas para que eviten hablar mal de algún político en los tabloides. Se cuenta que el origen se remonta al gobierno de Miguel Alemán, donde, al citar a los comunicadores para recibir «su parte», el contenedor del dinero estaba puesto en una barda debajo de un árbol de chayotes.

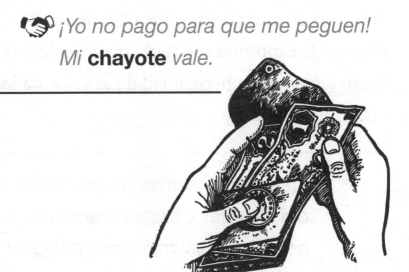

¡Yo no pago para que me peguen! Mi **chayote** *vale.*

chicanada

Jugarreta de mala fe o traición que se le hace a un amigo o a una persona de confianza a quien se le juró lealtad. Es una práctica muy usada entre políticos, ya que sus intereses personales y «profesionales» cambian constantemente, así que redirigen sus recursos hacia la situación que mejor les convenga.

🤝 *¡Pinche **chicanada** que me aplicó mi compadre! Me prometió su apoyo y hoy sale en el periódico que el candidato es otro.*

---

2. Representativa o indirecta

Es la que se utiliza más en nuestros días; en ella las decisiones son tomadas por los funcionarios o representantes que fueron elegidos por los ciudadanos y no directamente por el pueblo. En otras palabras, la ciudadanía «autoriza», por medio de comicios, a otras personas para que representen a una mayoría en materia de administración y dirección.

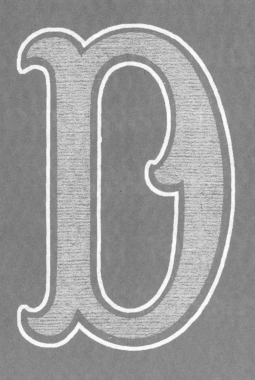

«Los amos del pueblo serán siempre aquellos que puedan prometer un paraíso.»

Remy de Gourmont

dar atole con el dedo

Hacer cosas intrascendentes para fingir que se está llevando a cabo algo positivo o a favor de alguien; como cuando en la planeación de los segundos pisos nunca dijeron que su uso tendría costo. La expresión proviene de engañar a un bebé, dándole una mínima probada de atole —literalmente, con el dedo—, con lo cual las madres logran mitigarle el hambre.

Puro atole con el dedo, *ese pinche candidato nomás promete y no cumple, nos quiere ver la cara de pendejos.*

dar línea

Cuando el presidente, líder de bancada, partido político o sindical, etcétera, decide en qué sentido tiene que votar su militancia o pronunciarse sobre alguna cuestión en particular. También es ordenar o dar indicaciones para que alguien haga ciertas acciones, aunque no esté a favor.

🤝 *Yo no tengo ningún problema con el matrimonio entre personas del mismo sexo, pero en la colonia Del Valle* **nos dieron línea** *para votar en contra.*

---

dedazo

Designación de un candidato, gobernante o funcionario a criterio de quien ostenta el poder, sin considerar la opinión de los ciudadanos ni de su partido y mucho menos de lo que estipule la democracia. Según Héctor Aguilar Camín, la época de oro del dedazo coincide con la época de oro del PRI, cuando los sucesores a la presidencia eran elegidos con este método sin que hubiera rebeliones, motines o sobresaltos.

🤝 *Ojalá que el índice del «preciso» se vaya moviendo hasta darle un* **dedazo** *a este humilde servidor.*

---

dedocracia

Designación o adjudicación de un cargo político por medio del abuso de autoridad y, sobre todo, por votación con «dedito arriba» de un grupo de funcionarios. El escenario de su origen se ubica en la Cámara de Diputados y Senadores, en donde estos votaban por alguna resolución o iniciativa sin importar si era benéfica o perjudicial.

🤝 *En estas votaciones todos los candidatos a puestos de elección fueron designados por dedazo. Esto no es ni democracia ni partidocracia, esto es simplemente una pinche* **dedocracia.**

demagogia

Estrategia en la que los gobernantes utilizan falsas promesas —muchas veces irrisorias— relacionadas con las carencias y necesidades de una sociedad para mover o calmar a una masa. En palabras de Roger Bartra, la demagogia es la hipocresía política, en la que se amparan candidatos e instituciones para disfrazar sus verdaderas intenciones.

No puedo creer que le sigan comprando la **demagogia** *disfrazada a ese pinche candidato, todo lo que dice en sus discursos son puras chingaderas utópicas.*

destape

El término refiere a la acción de revelar, pública y casualmente, el nombre de quien será el próximo representante de un partido político —muchas veces futuro candidato para la presidencia—. En la mayoría de los casos ocurre que dicha designación es resultado de una dedocracia y en otros casos por apadrinamiento.

🤝 *Ayer, en la conferencia, hicieron el* **destape** *del director ése, pero todos pensábamos que el rector iría por el puesto.*

despensas

Productos que se regalan al pueblo para obtener votos; pueden ser entregados en vales de despensa, tarjetas de puntos o paquetes de comida. Generalmente son entregados en zonas donde apremia la necesidad, en las que se sabe que los pobladores carecen de memoria. Es un recurso empleado por cualquier partido y que, sin duda, parece que siempre resulta efectivo.

🤝 *Los acarreados ya no quieren más* **despensas**; *ahora lo de moda es ofrecer tinacos.*

dinosaurio

Integrante de la vieja clase política de un partido, especialmente del Partido Revolucionario Institucional, quien, al pasar las generaciones, sigue manteniendo poder o un lugar dentro de ese mismo partido. De acuerdo con la periodista Martha Anaya, el poder sigue en manos de los dinosaurios porque hacen uso de diversas artimañas para mantenerse en el ruedo como campañas mediáticas contra candidatos opositores para sacar sus trapitos al sol.

🤝 *Con estos **dinosaurios** en el poder, tipo Fidel, vamos a seguir dando un paso pa'lante y dos pa'tras durante muchos años más.*

---

diputado

Uno de los cargos más viles dentro de la clase política mexicana que se ejerce cuando uno quiere y en donde se cobra sin hacer nada. Después de cuatro años, cuando el representante de dicho puesto concluye la función pública, recibe un bono de gratificación por sus servicios y queda pensionado de manera vitalicia.

🤝 *Este **diputado** representa más a sus intereses que a mí. Nunca lo he visto pasar por aquí para preguntarnos por nuestras necesidades.*

---

documentos planchados

Documentos con los que se pretende «dar línea» y que antes de publicarse se envían al destinatario —miembro de una cúpula partidista— para que establezca la manera en que serán presentados, a fin de que los demás integrantes de su partido acepten lo propuesto y emitan su voto a favor.

 *Estos documentos de la propuesta de protección ecológica nos llegaron más* **planchados** *que la camisa de un burócrata.*

«El elector goza del sagrado privilegio de votar por un candidato que eligieron otros.»

Ambrose Bierce

elección

Método que utiliza la democracia para que los habitantes de una nación elijan a quien será su gobernante o a quien desempeñará cierto cargo público. Ésta se lleva a cabo por medio de una votación que deberá responder a ciertas normas para asegurar que los ciudadanos tienen la convicción de que han elegido al candidato más competente.

 *En esta **elección** no hay ni un candidato que no tenga cola que le pisen, ¡está de la chingada!*

élite

Se denomina así a un reducido grupo de personas que ostentan el poder en los medios políticos. Generalmente este concepto lleva detrás una dicotomía para diferenciar a una sofisticada minoría de una gran masa; es una circunstancia peligrosa porque genera exclusión y discriminación hacia los que no pertenecen a ella.

🤝 *Son los mismos de siempre cada seis años; esto no tiene ni un pelo de democracia. Es una puta* **élite.**

embarazar las urnas

Acto derivado de un «carrusel»; en otros términos, significa agregar votos de cierto partido en las urnas. Muchas veces se lleva a cabo durante el armado de las cajas en las que se depositarán las papeletas, antes de que comiencen las elecciones.

🤝 *Apenas van a abrir las casillas y a estas* **urnas ya las embarazaron.** *Hasta parecen de ocho meses de gestación.*

escrutinio

Es una de las últimas etapas de la jornada electoral; se realiza inmediatamente después de haber cerrado las casillas. En ésta se cuentan los votos emitidos por los ciudadanos y se confirma su legitimidad; tiene alcance público y debe efectuarse sin ninguna interrupción.

🤝 *Ayer, durante el* **escrutinio,** *estuvieron a punto de clausurarnos la casilla; llegaron unos del partido amarillo a decirnos que se nos veía pegadote el antifaz de mapaches.*

---

extremismo

Postura radical que defiende un grupo o movimiento político. Generalmente se trata de ideas o creencias irracionales que no aceptan la existencia de otros puntos de vista ni obedecen los principios constitucionales, yendo en contra de toda colectividad política. Es una actitud peligrosa porque puede alterar el equilibrio y desencadenar la tensión y la violencia en una sociedad.

Ni tu pendejismo ni tu **extremismo** *te dejan ver más allá de lo que verdaderamente necesita el país.*

3. Mixta

Comparte ciertas características tanto de la democracia directa como de la representativa, pues en ésta, a pesar de que el pueblo le ha delegado a un representante —ya sea gobernador, diputado o cualquier otro puesto de elección popular— la toma de decisiones, también funge como un factor determinante dentro de la administración pública.

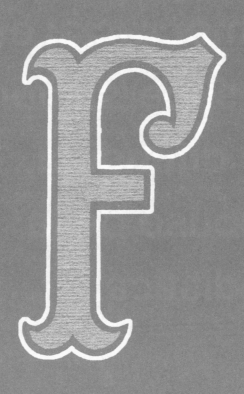

«Democracia: es una superstición muy difundida, un abuso de la estadística.»

Jorge Luis Borges

factores de poder

Organizaciones que no forman parte del gremio político, pero tienen gran peso en el rumbo histórico, económico y administrativo del Estado sin consultar al pueblo o someterse a comicios. Generalmente son fuerzas políticas que ejercen presión sobre cuestiones muy variadas de interés social.

🤝 *Ese candidato tiene buenas ideas, pero con los* **factores de poder** *actuales, como la Iglesia y los empresarios, será casi imposible que las pueda implementar.*

---

financiamiento de campañas

Recurso con el que un partido político gana mayor presencia en la sociedad durante la época de campañas. Aunque la mayoría de las veces —si no es que todas— los candidatos provienen de las élites del Estado, sus recursos nunca son suficientes para darse a conocer, por eso recurren a técnicas como el paso de la charola a instituciones privadas o se dejan apadrinar por alguien para obtener más fondos —en ambos casos, a cambio de devolver el favor si gana en las elecciones.

🤝 *Uy, a ver si consigo otro* **financiamiento para mi campaña.** *Quiero darle en la torre a ese diputadillo que ya puso su carota en los espectaculares de la libre.*

fraude electoral

Es el conjunto de engaños, falsificaciones, quebrantamientos a las leyes, sobornos y calumnias —durante todo el proceso de la jornada electoral— realizados por los partidos políticos cuando intentan obtener la victoria del candidato que los representa.

🤝 *No tienen madre. Aplicaron todas y cada una de las prácticas del más viejo sistema autoritario; esta elección fue un gran* **fraude electoral**.

fuerzas vivas

Grupos procedentes de distintos sectores de la población cooptados por un partido político, en particular, el que ostenta el poder. En teoría, las fuerzas vivas equivaldrían a la unión de varios grupos para generar progreso y bienestar social; sin embargo, cuando están afiliadas a un partido, sólo buscan el beneficio para los militantes, excluyendo a quienes no forman parte de su equipo.

🤝 *Me parece que aquellas* **fuerzas vivas** *ya están muertas. Pasamos por el Monumento a la Revolución y no se veía ni un alma.*

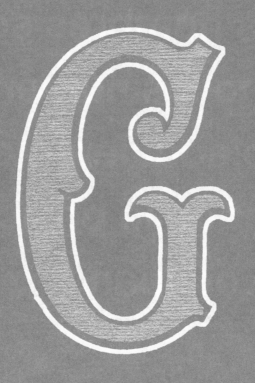

«Los hombres son como los números: sólo adquieren el valor de la posición que ocupan.»

Napoleón Bonaparte

gallo

En los palenques, durante las peleas de gallos, se utiliza la frase «ése es mi gallo» para designar al macho ganador. Por analogía, en política se refiere al personaje que disfruta de la preferencia del jefe en turno para competir por algún puesto público.

Ya le lamí mucho tiempo las botas al director y me ve con buenos ojos. Seguro yo soy su gallo.

gobierno dividido

Gobierno en el cual diferentes partidos políticos controlan los poderes Legislativo y Ejecutivo como resultado del voto escindido de grupos importantes de electores. Esta situación sólo puede darse en los regímenes de separación de poderes.

 *Mientras no haya una segunda vuelta, nuestros gobiernos seguirán atados de manos para gobernar; no tienen ningún poder en este* **gobierno dividido.**

gran mentira

Es una mentira de tal magnitud y audacia que influye en la opinión pública, aun si la mayoría no la cree. Consiste en una mentira de la que se deriva todo un sistema de verdades «chuecas». Generalmente se usa para desviar la atención de la ciudadanía sobre asuntos más relevantes.

🤝 *Nos hicieron creer que ese candidato era un narcotraficante para no votar por él, todo fue una* **gran mentira.**

grande, la

Término que cualquier individuo que se codee con la crema y nata de la política mexicana reconoce, por ser un puesto de los que se obtienen más ventajas, no sólo para quien logre alcanzarlo, sino para todo aquel que lo siga, porque no se trata de una gubernatura, no, no, no; ni de un curul en el Senado o mucho menos en la Cámara de Diputados; es, ni más ni menos, la magnánima: la presidencia de la república.

Es el peor gobernador que hemos tenido en la historia del estado, y el muy iluso se está apuntando para **la grande.**

grilla

gitación y negociación de los ánimos, con o sin violencia, para conseguir determinados cambios políticos o sociales. Hay un político que es experto en utilizar este recurso cada vez que pierde una contienda, ¿quién podría olvidar el tan famoso «voto por voto, casilla por casilla»?, sin duda una de las grillas más ruidosas y duraderas en la historia de las elecciones.

---

*Si no fuera por tanta **grilla** dentro de la cámara, ya habríamos sacado por lo menos una reforma en estos dos meses.*

---

guarura

Uno de los términos para referirse a los escoltas de un político. En una de las giras de Díaz Ordaz por la Sierra Madre Occidental, al llegar al territorio rarámuri, sus habitantes le dieron la bienvenida a él y a sus *wa'ruras* —en español, 'jefes'—, pensando que ellos gozaban de un rango similar al del gobernador. Fue a raíz de este suceso que se adoptó el término «guarura» para referirse a los guardaespaldas.

🤝 *Con tanto pinche* **guarura** *de los secretarios, ya no es posible encontrar un lugar de estacionamiento en Polanco.*

guerra sucia

Es el conflicto interno provocado por la lucha de poder entre personajes políticos, empresarios y narcotraficantes, lo que implica acciones ilegales y clandestinas. En la mayoría de los casos existe desaparición forzada —sin juicio, cargo previo o límite moral— de los sujetos implicados en ésta, con el fin de acallar testigos y de alcanzar sus ideales a como dé lugar.

Ni con la **guerra sucia** *que hicieron durante toda la campaña, pudieron hacer que su pinche candidato ganara.*

4. Parcial

También se le conoce como «democracia no liberal» y es aquella en la que se restringe la participación del pueblo en las decisiones que tome el Estado, pues carece de las libertades civiles necesarias para hacerlo; sus representantes no están obligados a rendir cuentas en ninguna de las resoluciones que implementen; sin embargo, la población sí interviene en la elección de sus regidores, síndicos o gobernantes y goza de libertad de expresión.

«Al poder le ocurre como al nogal: no deja crecer nada bajo su sombra.»

Antonio Gala

habilidad política

Son los valores que deberían caracterizar a un político: conciencia política, capacidad de influencia y persuasión, habilidad para manejar conflictos, talento para identificar las problemáticas de una sociedad, brindar apoyo, dialogar y escuchar, aptitud para convencer y que posea el intelecto suficiente para resolver desacuerdos.

Chale, no sé cómo se promueve el nuevo candidato, ni **habilidad política** *tiene. Todavía estuviera guapo, pero ni eso.*

herodianismo

En México se refiere a la doctrina que rige una buena parte de la clase media y la clase baja —es decir, a la mayoría de la población—; aunque actualmente se desconoce el sexenio en el cual fue expedida la Ley de Herodes, se sabe con certeza su objetivo: el ciudadano tiene la obligación de soportar, bajo cualquier circunstancia, la situación del país, sea mala o deplorable. Así como dicta la sentencia: «O te chingas o te jodes».

🤝 *¡Basta ya de buscarnos a esos candidatos! Con su* **herodianismo** *nos pasan a joder en todos los aspectos morales posibles.*

Homo videns

Término acuñado por Giovanni Sartori en su obra *La sociedad teledirigida* para referirse a la transformación del hombre a partir de los medios de comunicación, que acentúan la supremacía de la imagen sobre la palabra. Basta recordar los anuncios de las campañas electorales, los cuales hacen creer a los ciudadanos que, igual a ellos, un candidato viaja en metro o come en los tacos de la esquina, con tal de que voten por él.

🤝 *Es increíble que este imbécil se creyera todo lo que decían en la tele los periodistas vendidos y saliera a votar por el candidato oficial; clásico de un* **Homo videns.**

hueso

Cualquier puesto de poder público otorgado por compadrazgo, amiguismo, nepotismo o cualquier otra forma que no es la establecida por la normatividad. De acuerdo con el periodista Ricardo Alemán, el culto al hueso es el mayor milagro de la sociedad mexicana porque tiene la capacidad de transformar al protestante en católico, en izquierdistas a los de derecha y a los radicales de derecha en promotores del juarismo.

🤝 *Yo me conformo con un simple* **huesito** *en el cabildo; ya es hora que la Revolución me haga justicia.*

---

humo azul y espejos

Se refiere a la ilusión y al engaño con que se manejan los actos de magia. Descripción metafórica de cómo las campañas manipulan las imágenes y las percepciones para influir en los votantes.

🤝 *Como gobernador fue un pinche tirano y ahora en el debate presidencial se presenta como un mártir;* **puro humo azul y espejitos.**

humor

Recurso utilizado por los políticos para disfrazar sus carencias culturales y educativas por medio de bromas, ironías y carisma; también para distraer al público sobre un destape reciente. Es la típica actitud que hace honor a la frase acuñada por el poeta Juvenal: «Al pueblo, pan y circo», para expresar su repudio a la actitud apática del pueblo de involucrarse en la política y aceptar el entretenimiento de los políticos como una vía fácil para que estos subieran al poder.

🤝 *Ese pendejo piensa que al usar el* **humor** *para burlarse de su fealdad, nos vamos a olvidar de lo corrupto que es y votaremos por él.*

«Manda cuando
hubieres aprendido
a obedecer.»

Solón

incendiar el granero

Metáfora que alude a la acción de un político de oposición que intenta dejar mal parado al candidato adversario y, sin pensar en los alcances de su propósito, termina perjudicando no sólo al contrincante, sino a todo el partido que lo representa; tal como el granjero que en su intento por erradicar las plagas de su granero terminó incendiándolo por completo, generando más pérdidas que las causadas por los roedores a los que pretendía eliminar.

¡Qué pendejos!, al tratar de ensuciar al candidato opositor por corrupto, intentando sacar todos sus trapitos al sol, terminaron incendiando el granero.

independientes

Se refiere a una modalidad en las candidaturas a cargos federales que se estableció en el 2014 para dar más valor a la participación democrática, en la que cualquier ciudadano puede postularse para ocupar algún cargo de elección popular como la presidencia de la república, una senaduría o una diputación federal sin necesidad de estar afiliado a un partido político.

🤝 *Ese cabrón fue militar, voy a votar por él para que al fin acabe con la inseguridad, aunque no sea candidato de ningún partido, es* **independiente.**

ingeniería electoral

Sinónimo de fraude electoral. Cualquier acción u omisión que altere los resultados verdaderos de un proceso electoral. Ya que no es lo mismo ganar una campaña que ganar la elección: en el primero se gana la fama; en el segundo, el poder. Y ganar el poder requiere de mucha destreza y chanchullo; igual que en el amor, todo se vale en la contienda electoral.

Ni los expertos de la NASA hacen tan buena ingeniería como estos cabrones con el sistema de cómputo del Instituto.

indulgencia

Uno de los mayores errores en el juicio de una persona, pues tiende a evaluar a alguien según su popularidad, carisma o particularidades físicas y no por sus antecedentes políticos, ya sean positivos o negativos, o un buen proyecto de gobierno. Se ha dado el caso en el que votar por el más guapo no precisamente da como resultado un buen sexenio.

🤝 *En estas últimas elecciones los votantes se vieron muy* **indulgentes** *al votar por un pendejo.*

insaculación

Sorteo que se lleva a cabo para evitar fraudes y favoritismos al deliberar quién será el candidato ganador. En éste participan todos los ciudadanos inscritos en el padrón, quienes posteriormente serán capacitados para realizar las funciones en la casilla durante la jornada electoral.

🤝 *¡Carajo, me insacularon y ahora me tocó ser jefe de casilla! A mí, que ni creo en las elecciones.*

5. Constitucional

Es aquella que centra sus bases en los principios de una constitución, haciendo caso omiso de las posibles influencias que pudieran presentarse por parte de algún partido político. Este tipo de democracia es la que se utiliza actualmente en casi todas las repúblicas.

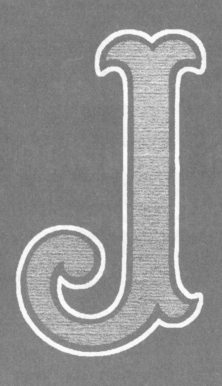

«Tiene poder aquel en quien la masa cree.»

Ernst Raupach

jacobino

Se refiere a la persona extremista que defiende una ideología de izquierda radical, la cual propone reformas en la estructura pública. El término surgió en el siglo XIX durante la Revolución francesa, cuando el Club de los Jacobinos instauró una monarquía constitucional; se dice que ellos fueron los autores intelectuales de la caída de Luis XVI.

¡Eres un jacobino! Andar prendiendo fuego al palacio municipal no cambiará absolutamente nada.

jefe de Estado

Dentro de una república, se refiere a la máxima figura política de un país; es decir, el presidente, quien se encarga de representar a todos los poderes de una nación —Ejecutivo, Legislativo y Judicial— y dirigirlos para que el Estado funcione de forma eficiente. Simboliza el conjunto de todas las piezas políticas, sociales y culturales de un territorio. En México es la figura de quien se espera que ponga en alto el nombre de la nación, o por lo menos, no la hunda más.

*El día antes de la jornada electoral prenderé cuatro cirios pa' ver si se nos hace el milagrito de que nuestro nuevo **jefe de Estado** no sea un pendejo otra vez.*

jilgueros

Pájaro de plumaje pardo, apreciado por su canto. Por analogía, son los legisladores que cantan al unísono las propuestas de sus «jefes» al levantar la mano y votar, integrantes de la dedocracia.

🤝 *Con la nueva mayoría aplastante del partido en el poder, esta Cámara parece más un aviario lleno de* **jilgueros** *que un recinto legislativo.*

juramento

Último voto que se realiza al concluir la jornada electoral y únicamente es llevado a cabo por el nuevo presidente electo. En este «discurso» el ahora jefe de Estado se compromete a no hacer todas las acciones que, de hecho, sucederán durante el mandato: mentir, desaparecer personas, desviar recursos, robar el dinero del erario, romper las propuestas que se prometieron durante campañas, traficar con influencias, asociarse con grupos delictivos, etcétera.

🤝 *Mmmta… yo no sé para qué hacen tanto drama con ese **juramento** si todos sabemos que ni lo cumplirá.*

«El poder: la más completa de las servidumbres.»

Georges Clemenceau

legitimidad

Cualidad con que se lleva a cabo una acción o decisión dentro de un sistema político; es decir, las resoluciones que toma el Estado y que atañen a la población deben ser realizadas conforme a la ley, también obedece a las normas preestablecidas. Con la legitimidad se pretende eliminar las decisiones tomadas por medio de presiones impuestas por niveles de poder más altos.

🤝 *En estos tiempos ni con tantos medios puede existir tantita* legitimidad *en las elecciones, en el sistema de gobierno o en lo que sea. Deberían fingir un poco y tampoco les sale.*

lenguaje político

A lteración del significado usual de las palabras. Para George Orwell, el lenguaje político de todos los partidos, desde los más conservadores hasta los extremadamente anarquistas, está diseñado para «hacer que las mentiras suenen veraces y la muerte respetable, y para dar una apariencia de solidez al puro viento».

👥 *Me cae que todos los candidatos están en el puro blablablá, promete y promete. Ya nadie les cree su pinche* **lenguaje político.**

---

levantadedo

Término para referirse a un legislador; es decir, el principal integrante de la dedocracia. Éste se dedica a «apoyar» alguna iniciativa propuesta en la Cámara, pero también su decisión puede ser producto de haber recibido una instrucción de alguna figura de poder —es decir, le «dieron línea»— para que vote por cierta ley. Sinónimo de «jilguero».

🤝 *Esos diputados son nada más unos* **levantadedos.** *Ni siquiera han leído la propuesta de ley y ya están votando en contra.*

libelo

Difamación en cualquier medio escrito donde se intenta desprestigiar la reputación de un individuo, generalmente conocido; con ésta se pretende incitar el odio del público por medio de enunciaciones —regularmente falsas o que rayan en lo ridículo— sobre aspectos de la vida profesional o privada del calumniado, quien, la mayor parte de las veces, es integrante del círculo político.

🤝 *Ese pinche periodiquillo sólo quiere dañar al candidato opositor porque recibe chayote del oficialismo. Es un vulgar* **libelo.**

libertad de expresión

Autonomía de la que goza un ciudadano para manifestar sus ideas o críticas de forma oral o escrita en diferentes medios —en radio, televisión, internet o periódicos— sobre cualquier tema de interés político, sea controversial o no.

👏 *Con esta administración autoritaria ya na'más falta que nos anulen nuestra* **libertad de expresión.** *¡Jijos de la tostada!*

lista nominal

Relación que integra todos los nombres de los ciudadanos registrados en el Instituto Nacional Electoral tras haber cumplido la mayoría de edad —etapa en la que, se supone, poseen la «madurez» suficiente para poder elegir a sus representantes—. Este sistema se implementó de manera nacional, a raíz de los buenos resultados obtenidos en las elecciones extraordinarias de Puebla y Veracruz a mediados de los años 90.

🤝 *Ni pude votar porque según mi nombre no estaba en la* **lista nominal,** *pero estoy seguro de que fue ese pinche mapache.*

«La honestidad como la verdad no se admite en grados: se es honesto o no.»

Frase incorruptible

maicear

Término que se refiere al acto de dar, con regularidad, pequeños sobornos o «ayudaditas» en varias exhibiciones a otra persona para que ésta ayude a saltar un proceso en algún trámite burocrático; una acción parecida a dar pequeños premios comestibles a un animal con tal de ganar su confianza. Dicha palabra comenzó a usarse hace diez años entre los periodistas que cubrían campañas presidenciales, quienes recibían sobornos por parte de los partidos y candidatos para que hablaran bien de ellos.

*Hay que empezar a **maicear** a los de la prensa; ya solamente falta un año para las elecciones.*

mapache

Se considera que este mamífero tiene la apariencia de un ladrón por el famoso antifaz que lo caracteriza, por lo que el término se aplica a alguien que realiza un procedimiento fraudulento, robando urnas llenas de votos que supuestamente favorecen a un candidato opositor.

🤝 *Si no fuera por el gran trabajo de los* **mapaches,** *hubiera perdido la presidencia municipal; hay que recompensarlos con más despensas.*

marrullero

Político o personaje público —tramposo— que hace uso de diferentes prácticas para engañar y sacar provecho de alguna situación, por medio de halagos o actos ladinos. Es más evidente, y hasta cínico, durante las campañas electorales, pues de alguna manera hay que ganarse los votos, y mucho mejor si lo hace con el sudor de sus marrullerías.

Estos güeyes que recolectan votos para los candidatos independientes son muy **marrulleros;** *ya sacaron la foto de mi credencial para votar por un cabrón que ni conozco.*

---

mayoritear

El mayoriteo no describe la regla de la mayoría —pues todos los actores saben que en algún momento se constituyen y ejercen mayorías—, sino a la forma en que se ejerce ésta. Se parece más al significado de «la aplanadora»; es decir, una decisión explícita de no escuchar al otro y no dejarlo poner sus objeciones sobre la mesa.

Ya **mayoritearon** en el Congreso y ahora los pendejos ciudadanos tendremos que pagar más IVA. ¡Que chiflen a su madre!

mesías

Individuo que simula ser quien resolverá los problemas sociales y políticos que han arrastrado a su país; no pretende convertirse en ídolo, pero sí promete inaugurar una nueva época de gloria para su nación, pues se muestra como el único que posee la actitud para gobernar, la experiencia necesarios para defender a su patria.

🤝 *Ya ni Jesucristo prometió un reino de los cielos tan grandioso como el que promete el pendejo* mesías *ése.*

miedo

Táctica más antigua utilizada durante la época de campañas por un candidato para advertir al pueblo, mediante amenazas, que si vota por el partido opositor, alguna situación negativa ocurrirá.

🤝 *Le están metiendo* **miedo** *a todos diciendo que si votamos por ese candidato, nos va a cargar el payaso porque piensa declararle la guerra a EE. UU.*

mitin

Congregación multitudinaria obligatoria convocada por la cabeza de algún partido político o por el pueblo, y que se lleva a cabo tanto en el inicio de la campaña electoral como en su clausura. Proviene del inglés *meeting*, que significa 'reunión'. Generalmente alguien en el mitin da un discurso electoral para persuadir y ganar seguidores.

Ya me eché tres mítines de tres partidos políticos diferentes. Lo que hace uno por unas pinches despensas.

militancia

Actividad que se realiza al pertenecer a un movimiento político. Consiste en apoyar una causa u objetivo de cierta creencia que tienen en común un conjunto de ciudadanos, estén a filiados o no a un partido.

Ese partidito político tiene menos **militancia** *que mi familia; sólo por la fregada alianza alcanzó un lugar en la Cámara.*

militantes

En los partidos políticos y en los sindicatos, es el conjunto de afiliados que forman parte de los comités, mítines o del cuerpo de difusión sin tener un cargo de dirección o de administración en las organizaciones. Su fin es tratar de convencer a otros para que formen parte de su movimiento.

🤝 *Esos no son* **militantes**, *son fanáticos. Se creen a pie juntillas todas las pendejadas que dice su candidato.*

moche

Comisión, dádiva o tipo de soborno «regularizado» o «pactado» que las personas físicas o morales deben entregar a los funcionarios públicos para ganar contratos de prestación de servicios al gobierno, lo que manifiesta su apoyo a una campaña, a un candidato o a un funcionario público ya establecido.

👉 *Le di su **moche** al cabrón del subdirector de obras y aún así le dio el contrato a la otra constructora.*

mordida

Gratificación que se entrega a cualquier autoridad con el fin de no pagar una cantidad más alta por una infracción o para evitar un trámite burocrático, violando con esto la ley o la normatividad. Esta acción es la cereza que corona el pastel de la corrupción, pues aunque es completamente ilegal, para muchos, pedir o dar un mordida tiene muchas ventajas.

Mira, con una buena **mordida** *me hago pendejo y te dejo votar las veces que quieras.*

6. Liberal

Similar a la representativa, en esta democracia —como su nombre lo advierte— el pueblo tiene la libertad total de elegir quién lo gobernará y, al mismo tiempo, los representantes electos tienen la obligación de apegarse a las leyes constitucionales, con lo cual los derechos y libertades de los ciudadanos quedan protegidos; con dicha democracia el individuo goza de la tolerancia religiosa, social y política a partir del establecimiento de las limitaciones impuestas al Estado.

«Hay épocas en las que la única relación con los hombres es el intercambio de dinero.»

Thomas Carlyle

nadar de muertito

No llamar la atención, nadar con la corriente, mantener un bajo perfil. Táctica de la que un político hace uso para preservar lo que ha conseguido; no da ideas riesgosas ni se mete en decisiones que podrían poner en peligro su puesto.

🤝 *Mi gober, después de lo del escándalo de los presos, es mejor que durante un rato* **nade de muertito** *hasta que se calmen las aguas. No vaya a ser la de malas.*

nepotismo

Término con el que se designa la concesión de plazas políticas a familiares directos, políticos e, incluso, amigos. Generalmente resultan ser individuos que no poseen méritos ni políticos ni profesionales y se ganan un puesto de manera ilegítima, demeritando con creces la función pública.

👥 *No me friegues, esa dependencia se parece cada vez más a la reunión anual de la familia López, y luego hablan de* **nepotismo.**

---

neutralidad política

N oción que exhorta a que ningún empleado federal —de la dependencia pública que sea— participe de manera activa en la política partidista de una nación. De esta manera podrían eliminarse fenómenos internos como la «cargada», los cuales favorecen, de manera arbitraria, a algún partido político.

---

*Si en México existiera la **neutralidad política**, estoy seguro que otro gallo nos cantaría, pero ni a legitimidad llegamos.*

nulo

Térmico que se refiere al voto de los ciudadanos durante la campaña electoral, cuando deciden no emitirlo o invalidar la boleta porque no están a favor de ningún candidato o les parecen poco aptos y nada merecedores de representar a la patria. Javier Sicilia —poeta, activista y periodista— es uno de los promotores de la nulidad por considerarla una acción revolucionaria a la que todo mexicano tiene derecho para manifestar su rechazo hacia los gobernantes.

Mi voto será **nulo** *porque para mí todos los candidatos son la misma burra, pero revolcada.*

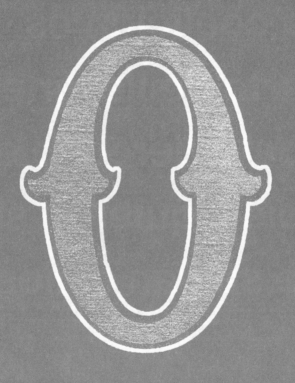

«La coalición es el arte de llevar el zapato derecho en el pie izquierdo sin que salgan callos.»

Guy Mollet

observador electoral

Individuo que puede o pertenecer a un partido gubernamental, nacional o internacional, y el cual se mantiene atento en todo el proceso de la jornada electoral para confirmar, al final de ésta, que no hubo ningún tipo de irregularidades durante el desarrollo de la votación.

*Todos los **observadores electorales**, que vinieron del extranjero, se quedaron estupefactos con las prácticas tan chuecas en las casillas para alterar la votación.*

oligarquía

Tipo de gobierno que ha sido heredado durante varias generaciones a través del nepotismo a un grupo reducido de privilegiados y que influye en motivos económicos, sociales y culturales de un país. Este término fue descrito por Aristóteles como una forma impura de gobierno, en la que los ricos y la alta sociedad administran el poder sólo en su propio beneficio.

🤝 ¿72 años seguidos sentados en la silla? Uy no, mano, eso era **oligarquía** pura. A ver cómo nos va en este sexenio.

operación tamal

A ctividad ilegal que se lleva a cabo por las mañanas, un poco alejada de las casillas de votación y en la cual el pueblo es sobornado por el coordinador seccional —o el jefe de manzana— con el típico desayuno mexicano: atole y tamal a cambio de su voto por el partido que pretende favorecer.

🤝 *Hoy sí triunfó la* operación tamal, *así que lánzate por más de dulce y verdes, que llegaron otros acarreados.*

opinión pública

Ctitud o punto de vista que comparte una buena parte de la sociedad sobre un tema —generalmente de carácter político— que está sujeto a opiniones contrapuestas. De acuerdo con el periodista Héctor Tajonar, se le considera como una fuente de legitimidad y consenso, aunque también de crítica y rebelión. La opinión pública tiene el poder suficiente para fortalecer o derrocar a los políticos.

🤝 *Según la* **opinión pública,** *la mayoría de las veces no es democracia, sino imposición.*

oportunismo

Tendencia de un individuo a sacar provecho de una situación dentro del ámbito político. Dicho sujeto suele sacrificar sus principios éticos, morales e ideológicos por conveniencia profesional y personal.

🤝 *Utilizar las últimas noticias sobre el fallo de la seguridad en el país para exponer la mala administración actual en temporada electoral es un mero acto de* **oportunismo.**

---

oposición

S on los partidos, las organizaciones o los representantes de la sociedad —y hasta aquellos que están fuera del poder gubernamental— que mantienen una postura crítica con respecto a las políticas del gobierno o partido gobernante.

🤝 *No, mi lic, los de la* **oposición** *otra vez nos cerraron el Ángel, y eso que les dimos doble despensa para calmarlos; nos salió peor y ya hasta nos aventaron un periodicazo.*

---

organización política

Es la expresión institucional de la ideología del pueblo; es decir, un grupo de personas que comparte convicciones políticas, filosóficas, sociales y culturales que dejan de lado su individualidad para trabajar por metas que sean benéficas de manera colectiva.

🤝 *Mira nomás, quién diría que una de las* **organizaciones políticas** *con más ruido del país, el EZLN, lanzaría a una candidata para la presidencia de la república.*

7. Religiosa

Es aquella en la que el sistema político de un país adopta los principios y costumbres de una religión; muchas veces la afiliación a estos tiende a ser subjetiva y poco útil, debido a que provienen de libros y autoridades muy anticuadas para la época contemporánea. Generalmente este tipo de sistema cae en el fanatismo y los ciudadanos terminan por perder los derechos y libertades de carácter moral, social y educativos de los que se gozan en muchos regímenes democráticos actuales.

«El poder es el afrodisiaco más fuerte.»

Friedrich Nietzsche

padre Amaro

Líder religioso que durante el día de las elecciones oficia más misas de lo normal, en las que intenta persuadir a los concurrentes de votar a favor de cierto candidato, quien con sus grandes favores realizados durante campaña «se ha ganado el cielo» —regularmente resulta ser un familiar y no un ciervo de Dios.

🤝 *Pero, papá, ¿por qué se va otra vez a misa?, el* **padre Amaro** *na'más quiere convencerlo de votar por el mentiroso ése.*

padrino

Sobrenombre otorgado al individuo que posee algún cargo de poder en el gobierno y que por esta virtud otorga favores al por mayor o respalda a otro oportunista para que obtenga algún puesto, ya sea por dedazo o nombramiento. Los «ahijados», a cambio, deben ofrecer lealtad al padrino y estar siempre dispuestos a hacer lo que éste les pida y cuando se los pida. Nada es gratis.

🤝 *Con ese* **padrino** *que te cargas, es imposible que no te lleves la presidencia municipal.*

---

padrón rasurado

Registro de votos que fue «tijereteado y perfilado» durante el proceso electoral para eliminar el exceso de papeletas a favor del candidato opositor; por este motivo es fundamental guardar silencio sobre las preferencias o inclinaciones partidistas propias en la temporada de elecciones.

🤝 *Este padrón está más* **rasurado** *que las piernas de mi vieja.*

patriotismo

Sensación de pertenencia hacia el país del que se es originario. Pasión que todos los mexicanos «sufren» y que sus políticos gozan cuando el partido al que apoyan se lleva la victoria.

 Votamos por él porque parecía llevar su **patriotismo** *hasta el tuétano, pero nos equivocamos, apenas van tres meses de su mandato y ya se robó la mitad del presupuesto asignado al Departamento de Cultura.*

palero

Persona que finge ser un cliente o alguien del público para que otros se animen a comprar, aplaudir o gritar en apoyo a alguien. En política es el funcionario público que, sin ninguna ideología, solapa los dimes y diretes de sus superiores para ganancia personal.

En esa manifestación sólo marchaban **paleros** *del pinche gobernador. Les preguntaron por qué marchaban y nadie supo qué contestar.*

palomear

Acción de poner una marca en la lista de candidatos o funcionarios públicos con la finalidad de resaltar a quienes gozarán de ciertos beneficios por ser los «elegidos» del jefe. Regularmente, dichos beneficiados suelen ser marrulleros y lamebotas con un perfil bajo que ya hicieron un trabajo previo para quien les otorgará alguna «ayudadita».

🤝 *Acuérdate de* **palomear** *al líder del sindicato para candidato a una diputación plurinominal; son un chingo de votos.*

pasar la charola

De la misma forma en que se pasa la canastilla para depositar el diezmo durante la misa, en la época de campañas se «solicita» el apoyo económico a distintos sectores privados para que un partido junte los fondos suficientes y pueda hacer presencia en cualquier plataforma; si resulta ganador, éste podrá retribuirle dicha «dádiva» con favores más grandes.

🤝 *Ya después de la elección veremos qué contratos le damos a esa constructora, por lo pronto hay que* **pasarle la charola** *a su director.*

pasar lista

Acto de nombrar, uno por uno, a los subordinados de alguna dependencia pública para asegurar —antes de la votación— que todos elijan al candidato debido; de la misma forma, dicho conteo se repite al concluir el proceso electoral. Esto se lleva a cabo a partir del condicionamiento de los electores, haciéndoles temer por sus salarios o puestos laborales.

🤝 *Escúchenme bien, si no quieren perder su chamba, es preciso que me enseñen una foto de la boleta marcada en el logo del partido al* **pasar lista.**

piromaníaco

Mapache que, al caer en cuenta que ha fracasado en todos los intentos por hacer ganar a su candidato, elimina todas las pruebas que pudieran ponerlo en evidencia —y también a su partido—, así que decide prender fuego a las urnas momentos después de haber terminado el conteo.

¿Usté' cree? Según cayó un rayo directito en las urnas y por eso se quemaron los votos. ¿A quién quieren engañar? Eso es obra y arte de un **piromaníaco,** pues en cuatro meses no ha llovido por aquí.

pluralismo

En términos de política, se refiere a la participación representativa en la que varias élites compiten para obtener el poder sobre una masa. De acuerdo con Giovanni Sartori, el pluralismo político es la relación que existe en un lugar con respecto al sistema de partidos.

En México no se duda del **pluralismo,** *tenemos más partidos políticos que comidas típicas, pero ni aunque haya de chile, mole y pozole dan ganas de votar.*

populismo

Estrategia de un político en la que emprende acciones sin trascendencia para sobresalir en un sector significativo de la sociedad: el popular; también suele usarla cuando intenta establecer su base de poder, llevándola a cabo por medio de adulaciones y promesas falsas con tal de hacerse distinguir.

🤝 *No, mi pueblo, yo no hago uso de ningún* **populismo,** *como ése reptil del amarillo. Mis propuestas para esta gran nación son verdaderas. Tengo las mejores intenciones para con ustedes y por eso me acompañarán hasta la victoria.*

purga

Término para nombrar al despido injustificado de funcionarios en alguna dependencia gubernamental; generalmente se hace al comienzo de un sexenio, pero también puede hacerse al final de éste, pues ya está más que establecido quién será el que gane «la grande». Los depurados suelen ser quienes no apoyaron desde el principio al candidato ganador.

🤝 *Si gana el candidato opositor, habrá tal* **purga,** *que nos va cargar la chingada a todos en la Secretaría.*

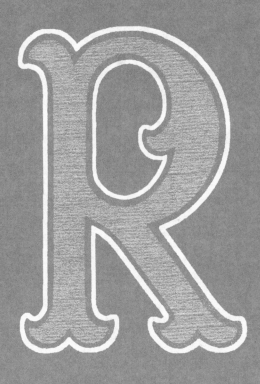

«Ninguno debe
obedecer a quien
no tiene derecho
a mandar.»

Marco Tulio Cicerón

radicalismo

Doctrina que es acompañada por ideas extremistas, pretende dar un giro total a la forma en que se han tomado las decisiones durante el mando de una nación. Este cambio de dirección obedece a la necesidad de transformación en la cual convergen asuntos científicos, religiosos y morales, no únicamente políticos.

🤝 *Su* radicalismo *no le servirá de nada, si sigue repitiendo el patrón de todos los políticos en campaña electoral.*

ratón loco

Ciudadano —acarreado, independiente o con el título que le corresponda— que tiene la total convicción de votar, pero al llegar a la casilla que le corresponde se da cuenta que su nombre no aparece en la lista nominal porque seguramente fue mal registrado, por esta razón empieza a buscar como loco de casilla en casilla con la celeridad que caracteriza a dicho mamífero.

🤝 *Ni Speedy González hubiera podido votar; caminé como* **ratón loco** *y en ninguna casilla apareció mi nombre.*

---

referéndum

Instrumento de la democracia con el que se consulta a los ciudadanos para determinar si una acción realizada por el gobierno es necesaria o no. Es un derecho constitucional de los ciudadanos, muy típico de las democracias directas y participativas.

🤝 *La propuesta de la nueva Reforma Educativa pasará por un* **referéndum.**

representación política

S e refiere al poder político que ejerce un pequeño colectivo, el cual es elegido por un grupo más grande para que aquel haga valer sus exigencias y satisfaga sus necesidades. Generalmente esta representación se da en sistemas democráticos, donde los representados seleccionan a sus representantes a través de elecciones que se llevan a cabo por intervalos regulares.

🤝 *Qué bonita nuestra* **representación política,** *por su culpa han de pensar en el extranjero que todos los mexicanos somos igual de zoquetes.*

---

retén electoral

Es un recurso antidemocrático muy usado durante la jornada electoral por las fuerzas políticas, las cuales, de manera «discreta», intentan obstaculizar el voto de simpatizantes o militantes de los partidos opositores, ocasionando la pérdida de votos a favor de ellos. Aunque también puede darse por parte de la ciudadanía como una forma de manifestarse contra la ineficiencia del sistema electoral, tal como hizo el Comité Promotor del Consejo Municipal Popular en las elecciones federales del 7 de junio de 2015 en Tixtla, Guerrero.

🤝 *Ya se armó el* **retén electoral** *en varias casillas de la región.*

retórica

Recurso de dicción que usan los políticos para persuadir al pueblo —de manera elegante, educada y con una gran variedad de gesticulaciones— sobre asuntos que convienen a la gran mayoría; sin embargo, este propósito se ha deformado y los discursos están llenos de excesos que en lugar de convencer al pueblo, terminan por dejar mal parados a los mandatarios.

🤝 *Tal como dijo una vez el mismísimo Luis Echeverría, haciendo uso de su exquisita* **retórica:** *«Las relaciones con EE. UU. ni nos benefician ni nos perjudican, sino todo lo contrario».*

Revolución mexicana

E n palabras del expresidente Adolfo López Mateos, este movimiento social fue aquel que «al rico lo hizo pobre, al pobre lo hizo pendejo, al pendejo lo hizo político y al político lo hizo rico». Es la revuelta que el mexicano promedio todavía no tiene la certeza de si sirvió de algo o no; sin embargo, aunque tiene la convicción de que es lo que más necesita su país, no participaría, si un grupo de individuos decidieran levantarse en armas y comenzar el cambio por su propia fuerza.

🤝 *Lo que este país necesita no es otra* **Revolución mexicana**, *sino una revolución en el cerebro de estos pinches presidentes. ¡He dicho!*

8. Popular

Se trata de aquella en la que una
comunidad, perteneciente al Estado,
decide oponerse al régimen, separándose
de él, pues considera que los estatutos
que la gobiernan no son los más favorables
para su progreso o no coinciden con su
moralidad. Para lograrlo, se llevan a cabo
movimientos de oposición que terminan en
luchas internas donde impera la violencia.
Se caracteriza también por sus tendencias
socialistas y su oposición al imperialismo.
Es una democracia que, aunque consiga
su objetivo, fracasa, debido a que el hambre
de poder de sus dirigentes comienza
a deformarse al perder su fin principal:
devolver el poder a las masas.

«La política saca
a flote lo peor
del ser humano.»

Mario Vargas Llosa

sectarismo

Práctica de un individuo —o de una organización— que defiende su ideología, cayendo en el fanatismo y mostrándose inflexible ante otro tipo de argumentos y convicciones políticas ajenas.

Hay que ser muy güey para seguir creyendo que votar por el nacionalismo extremo es buena idea para un gobierno. Eso es sectarismo puro.

silla, la

Término popular para referirse al cargo del Presidente. La expresión quizás se origina en año de 1914 cuando, después de haber entrado triunfantes a la Ciudad de México, Francisco Villa y Emiliano Zapata debatieron quién debía sentarse en la silla presidencial, que en ese entonces simbolizaba el poder que existía en el Porfiriato. El significado se ha extendido hasta nuestros días, atribuyéndole una connotación distinta al cachivache del inmobiliario presidencial.

*Yo no sé qué tiene esa pinche **silla** que todo el que se sienta en ella se cree emperador.*

slogan

Nombre que se le atribuye a las frases o lemas que representan a una marca —o en su caso a un partido político—. Regularmente, por estrategia de mercado, suelen ser oraciones cortas y pegajosas, por eso se vuelven memorables.

🤝 *El **slogan** de ese partido es el más estúpido que he visto en mi vida, y lo peor es que hay quienes votarán por su candidato.*

sorteo

Procedimiento en el que se otorga la confianza, al azar, a los ciudadanos en materia de resoluciones asociadas con la elección de los gobernantes o la designación de funciones electorales como integrantes de las mesas directivas de casilla.

¡Ay, no! Ya escuché el comercial ese que dice que si naciste en febrero o marzo, entrarás al **sorteo** *para ser funcionario de casilla. Ya estuvo que me insacularon.*

sospechosismo

El término se acuñó gracias a Santiago Creel —Secretario de Gobernación durante la administración de Vicente Fox—, quien, al intentar definir «el ambiente de duda permanente que rodea la gestión del gobierno», inventó el vocablo, un concepto tan gramaticalmente absurdo como muchas de las situaciones políticas que salen a flote cada día en nuestro país.

*Cómo no quieren que uno piense en **sospechosismo,** si dicen que el candidato se suicidó con tres puñaladas en la espalda.*

sutileza política

Se refiere al acto de proporcionar, por medio de la palabra, el poder suficiente para alcanzar un objetivo político; sin embargo, éste nunca debe ser demasiado, en la medida en que no genere una contestación por parte del opositor. Ésta posee vasta importancia durante las campañas electorales, puesto que se ataca al opositor de manera sutil e indirecta de forma que el contrario no se dé cuenta, o bien, sea evidenciado en el momento menos oportuno y, por lo tanto, no pueda defenderse.

🤝 Habrá que hacer uso de la **sutileza política** para calmar las ansias de poder de ese partido.

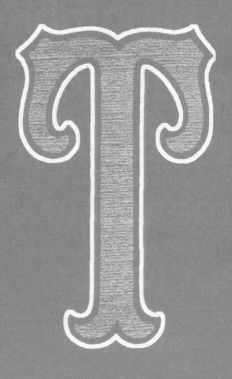

«Vota al hombre que promete menos. Será el que menos te decepcione.»

William Mitchell Ramsay

taco de votos

Una de las prácticas antidemocráticas que requiere mayor discreción. Estriba en depositar en la urna un rollo de papeletas —de ahí la analogía con un taco— previamente marcadas a favor de cierto candidato para aumentar el número de votos; desde luego, éstas son obtenidas de manera ilícita días o momentos antes de empezar la jornada.

🤝 *Cuida bien esas boletas; si te las chingan, las urnas se van a parecer cada vez más a las carnitas La Michoacana con tanto* taco de votos.

tapado

Candidato del que la opinión pública está segura que saldrá victorioso para algún cargo de elección popular; sin embargo, éste no es producto de ninguna selección con tintas democráticas, sino del célebre dedazo de alguna autoridad con el poder necesario para llevarlo a cabo.

🤝 *En cuanto destapen al* **tapado** *nos vamos con toda la cargada hacia su Secretaría para ofrecerle nuestro apoyo incondicional.*

tecnopolítica

Es un término acuñado por Antoni Gutiérrez-Rubí, consultor político y asesor de comunicación; el cual se refiere a una nueva forma de hacer política en la que los ciudadanos están más informados, debido a que cada día se abren más aplicaciones para los celulares y plataformas digitales que fiscalizan y monitorean las actividades de los gobernantes, o de quienes lo serán. Es una manera de empoderar a la soberanía para que sus votos sean más conscientes.

🤝 *A ver si es cierto que con la* **tecnopolítica** *los votantes serán más responsables y no cambiarán su voto por una torta y un Pascualín.*

tejemaneje

Término que refiere al conjunto de pasos que están detrás de algún asunto enrevesado; éstos nunca son de conocimiento público y se realizan, casi siempre, de manera oculta para alcanzar ciertos intereses. Aunque si llega a conocerse de ellos, se presentan como situaciones enredadas y poco claras para despistar a quien quiere descubrir la verdad.

🤝 *Todo esto me parece un* **tejemaneje** *para conseguir que los campesinos voten de nuevo por su pinche partido.*

tocar la carne

Acción imprescindible de un candidato durante la época de campañas que genera cercanía entre él y sus futuros electores —además de las despensas—. Se trata de un saludo fraternal por medio de un estrechón de manos o cualquier otro tipo de contacto físico y con el que intenta demostrar que su posición, aunque cercana al mesías, no es de Dios, sino de un ciudadano mortal igual que el de todos sus simpatizantes.

El candidato se fue a hacer campaña al lugar más recóndito de la sierra para tocar la carne.

torcer la noticia

Acción deliberada de manipular algún suceso —como un escándalo político vergonzoso u otras revelaciones de corte inmoral—, que tal vez le resten popularidad a un candidato o afecten su apreciación pública.

🤝 *Cortina de humo es lo que llamo a eso del niño perdido. Nomás pa' que no se sepa lo del desfalco al erario. ¡Qué manera de* **torcer la noticia!**

trapecista

Representante popular que, casi al término de un sexenio, realiza los movimientos necesarios —como estrechar lazos con aquellos que podrían apadrinarlo— para saltar, astutamente, hacia otro cargo de elección popular y sólo siguiendo sus intereses personales, lo que demuestra su desapego hacia el pueblo.

🤝 *Le fue como en feria en su meta para ocupar la gubernatura del estado de Michoacán, pero le salió bien su jugada de* trapecista *y ahora será diputado.*

---

9. Social

Busca que el Estado tenga el mismo poder que las élites económicas —o mucho más—; así la sociedad ya no tiene que hacer uso de dependencias privadas para su desarrollo como hospitales y escuelas; por lo tanto, los poderes que ejercen mayor influencia para este régimen son el económico y el político. Este tipo puede aplicarse tanto en las democracias participativas como en las representativas.

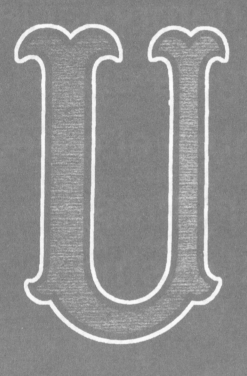

«La democracia otorga a cada hombre el derecho a ser opresor de sí mismo.»

James Rusell Lowell

unánime

Se le llama así a un grupo de personas que comparten un mismo parecer, sentimientos o puntos de vista sobre un asunto específico; puede originarse por convicción personal en donde ningún individuo influye en la ideología del otro o darse «casualmente» por medio de la persuasión de un tercero.

🤝 *La votación de nuestra colonia fue* **unánime.** *Llegamos a la conclusión de que este dipu, como creció aquí al ladito, a unas cuadras, nos va a mejorar toda la zona.*

unipartidismo

Se refiere al monopolio de un partido sobre la actividad política legítima; es decir, aunque existan varios partidos políticos que se antepongan en una contienda electoral, sólo uno domina de forma excluyente la situación política de una nación.

🤝 ¿Y de qué sirve que haya tanto partido, si al final nomás ganan los dinosaurios del tricolor? ¡Hasta parece que el **unipartidismo** es ley constitucional!

---

urna

Lugar en el que se depositan las papeletas previamente marcadas por los ciudadanos. Suelen ser cajas de material transparente que permite la visibilidad de los depósitos, con la finalidad de evitar fraudes, como los «tacos de votos». Durante la jornada electoral, éstas son custodiadas por algún funcionario de casilla, quien vigila que no se deposite una o varias planillas extra.

🤝 *En las casillas hay más urnas que en un cementerio: para presidente, senador, diputado federal, diputado local, presidente municipal, asambleístas, gobernador…*

urnas, robo de

Es cuando, en la recta final de la jornada electoral y durante el conteo de votos, los simpatizantes de algún partido político comienzan a notar su derrota y provocan la anulación de una casilla a través de diversas artimañas con el fin de desestabilizar el proceso electoral, algunas veces se hace de manera violenta y otras de manera «discreta» a cambio de una mordida.

🤝 Se **robaron las urnas** de todo un estado, ¡¿cómo es posible?!

urnas, relleno de

Cuando la casilla ha sido cerrada, algunos funcionarios que recibieron una dote o son simpatizantes de algún partido, suelen introducir de forma discreta más papeletas a favor de su candidato, aprovechando el descuido de los representantes que pertenecen a otros partidos.

No me salen los votos, güerito, aquí clarito se ve que **rellenaron las urnas.**

utopía

Condición o lugar con estabilidad económica, política y social donde todos los ciudadanos creen que vivirán el sexenio que está por empezar tras depositar sus esperanzas en un candidato, de la misma forma en que lo hacen al colocar las boletas en las urnas. País en el que a todo individuo le gustaría estar, de no ser por los fraudes y despojos que han cometido los presidentes en turno y demás funcionarios al mando de alguna institución pública.

🤝 *Cada sexenio, votemos por el que votemos, seguimos esperando que se nos cumpla nuestra* **utopía,** *pero na'más puros sueños guajiros con nosotros los mexicanos.*

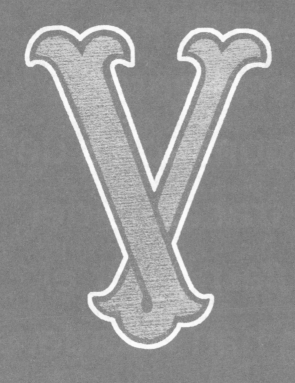

«Curiosamente, los votantes no se sienten responsables de los fracasos del gobierno por el que han votado.»

Alberto Moravia

vendido

Individuo que compromete su voto al partido político que le ofrezca más dinero, más comida o lo manipule mejor; regularmente, éste pende de una delgada línea entre declararse abstencionista y dar un voto de asno; sin embargo, dichas ofertas son las que le hacen cambiar su parecer, convenciéndose —de manera equívoca— de que su premisa «ganar-ganar» es la mejor, pues ayuda al pueblo y alguien más le ayuda.

🤝 *No tengo ni idea de qué propone ese partido, pero con esta tarjeta electrónica me voy de volada a comprar mi pantalla al súper. Sí, soy un vendido, ¿y qué?*

voluntad popular

De acuerdo al sistema democrático, la voluntad popular es aquella que se manifiesta después de una jornada electoral, cuando se concluye que la mayoría de los votos corresponden al candidato de un partido en específico; entonces esos resultados se emplean para legitimar una posición política, pero ésta es la madre de las mentiras.

*¿Cómo que el pueblo está inconforme con los resultados de las elecciones? No, no, si esa fue la **voluntad popular,** la voz del pueblo, aquí no hubo ningún compló.*

voto

Se le llama así a la elección en la que participan miles de personas a partir de una edad determinada —18 años— y quienes, además de gozar de libertad, tienen la convicción de escoger quién será su gobernador durante los próximos seis años. Las primeras votaciones en México se realizaron en 1824 para elegir al presidente de la república y al vicepresidente de México.

🤝 *Me vale madres que el **voto** sea secreto, yo sí digo por quién voy a votar.*

voto de asno

Tipo de elección que realiza el analfabeta funcional, quien nunca se preocupó por informarse sobre las propuestas que ofrecían los candidatos —o por saber quiénes eran los candidatos—. Es el tipo de voto con el que tal individuo cree cumplir con sus obligaciones de ciudadano, sólo por rayar la boleta en favor de alguien.

🤝 *Ni supiste por quién votaste, solamente marcaste la boleta donde cayera, fue un vil* **voto de asno.**

---

voto de castigo

Tipo de sufragio que, a manera de venganza, se lleva a cabo por descontento, debido a las malas gestiones que se realizaron con descuido o despilfarro durante el sexenio en el que gobernó el partido al que se está castigando.

Chingo a mi madre si vuelvo a votar por ese partido imbécil, no cumplió con nada de lo que prometió, en las próximas elecciones le voy a aplicar mi **voto de castigo.**

voto cautivo

Tipo de voto que un partido político tiene «asegurado» porque es emitido por los electores que han heredado sus convicciones partidistas por ideología familiar o son producto de la asociación de un partido a una religión, pues los ciudadanos se sienten identificados con la doctrina que promueve el movimiento. Contrario a lo que se diga, este tipo de voto sigue dominando en una buena parte del territorio nacional.

🤝 *A pesar de que su candidato propone subir los impuestos, los babosos de sus militantes votarán por él. Son* **votos cautivos.**

voto corporativo

Similar al sufragio «vendido», pero éste se manifiesta a gran escala y es aquel en donde los líderes de ciertas instituciones —de carácter público, privado y hasta religioso— persuaden u obligan a sus subordinados a votar por algún partido específico, con lo que no sólo al «pasar la charola» ayudan al partido que están apoyando, sino también con una cantidad significativa de votos.

🤝 *Gracias al* **voto corporativo** *de los electricistas, nos llevaremos la elección, compadre.*

voto duro

Sufragio más importante para un partido político, ya que está prácticamente «garantizado»; es el que pertenece a los seguidores leales y militantes, quienes carecen de argumentos para elegirlo y lo prefieren sin importarles si robó en el periodo anterior o no los benefició; es un voto garantizado que tiene una mínima variación sexenio tras sexenio.

🤝 *Más que militantes son fanáticos. Con ese porcentaje de **voto duro** es fácil que gane ese pendejo.*

voto en blanco

Voto emitido por el ciudadano que, llegada la jornada electoral, todavía no sabe por quién votar, o bien, ningún candidato fue lo suficientemente bueno como para otorgarle su «aprobación», por lo cual el voto es malgastado, ya que generalmente se anula.

 —Vas a ver que mi **voto en blanco** servirá mucho más que votar por el guapo, ya verás.
—¡No seas pendejo!

voto escindido o diferenciado

Es un tipo de voto a conciencia, el elector —muy lejos de ser abstencionista o partidista— se informa de las propuestas que cada uno de los candidatos ofrece, y elige al que brinda las mejores propuestas para su país y su comunidad, aunque sean de diferentes partidos; por ejemplo, para la presidencia elige al tricolor, pero para diputado local se va por el partido del sol.

🤝 *Hay que saber* **diferenciar el voto** *según las distintas propuestas; no se puede votar a lo güey por un solo partido.*

voto prestado

Sufragio que se toma por una valoración subjetiva sobre algún candidato con el único propósito de derrocarlo; sin embargo, el candidato por el que se decidió votar no obedece ni a las ideologías ni al partido por el que habitualmente el elector se ha inclinado en los sexenios anteriores.

🤝 *Nada más para que no gane ese imbécil, soy capaz de* **prestar** **mi** **voto** *al otro idiota que me cae tan mal.*

Mandamientos para el político promedio

I

AMARÁS A TU PARTIDO POR SOBRE TODAS LAS COSAS

«Ayúdame a ayudarte.»

En toda campaña por la presidencia de la república, la gubernatura municipal o la jefatura del gobierno capitalino, la afiliación al partido al que representará se hará con la condición de llevarla grabada hasta el tuétano. No se permitirán *lapsus linguae* que denoten la infidelidad ante éste. El político tiene la obligación y el compromiso de enunciar, única y exclusivamente, el nombre de quien está representando.

SE DICE EL PECADO, NO EL PECADOR

Tengamos presente el caso del ahora presidente municipal de Cuernavaca —y antes futbolista— Cuauhtémoc Blanco, quien en 2005, al intentar exhortar a la gran concurrencia que lo escuchaba atentamente, sumido en el éxtasis de gloria que los goles antes le concedían, dijo: «Apoyen al PRD —Partido de la Revolución Democrática—», en vez de: «Apoyen al PSD —Partido Socialdemócrata—» del cual era representante; transformando, sin dificultad, los vítores por bullas. Días después, el futbolista ofreció disculpas argumentando que «Al fin y al cabo todos somos mexicanos». Recientemente anunció lo que el subconsciente le hizo declarar aquella tarde: cambió su camiseta por la del PRD.

II

NO
JURARÁS
EL
BIENESTAR
DE TU
PUEBLO
EN VANO

«La corrupción
somos todos.»

En otras palabras, no prometa lo que no va a cumplir. El pueblo está esperando que su vida mejore a través de las prácticas en las que la honestidad siempre es protagonista. Si no es cierto, de una vez retírese o, al menos, no garantice hechos de más.

SE DICE EL PECADO, NO EL PECADOR

No hay que olvidar el caso de José López Portillo quien, a sabiendas de que recibiría un país sumergido en la inflación, enunció, durante la época de campañas, su tan famoso lema: «La solución somos todos», con el que intentaba no sólo capturar la atención del público, sino la fe del pueblo, la cual había caído por la devaluación del peso y la deuda externa que dejaba su predecesor, Luis Echeverría Álvarez. Desde luego, ya en su mandato, hubo aciertos económicos —muy contados—, pero muchas más insensateces en la toma de decisiones, provocadas por despilfarros y excentricidades hechas a costa del erario público que le rindieron homenaje a su tan sonada frase: «Quiero administrar la abundancia». Terminaron apodándolo «López Por Pillo», debido a las fuertes devaluaciones que dejó en toda la historia de la nación.

III

NO TE LA VUELES SANTIFICANDO LAS FIESTAS

«Músico pagado, toca mal son.»

No porque le sea asignada una incalculable cantidad de dinero para promover su campaña, quiere decir que debe derrocharlo para sobrepoblar radio, televisión o internet, o haciendo presencia en donde le llaman y en donde no. Asistir y, sobre todo, organizar celebraciones y campañas para regalar las cosas más inservibles, pero que usted promete «serán de alto impacto», no siempre respaldarán su triunfo en el poder.

SE DICE EL PECADO, NO EL PECADOR

En 2016 hubo rumores en los que Manlio Fabio Beltrones, exdirigente del PRI, fue asociado a un desvío por 250 millones de pesos para apoyar las campañas del Partido Revolucionario Institucional —cuando entonces lo encabezaba—. Estos recursos fueron aprobados por Luis Videgaray, actualmente secretario de Relaciones Exteriores. Hasta la fecha se desconoce la veracidad de los testimonios.

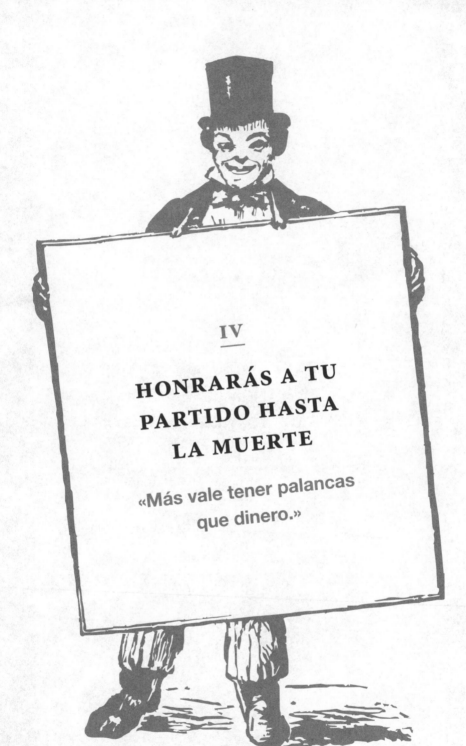

IV

HONRARÁS A TU PARTIDO HASTA LA MUERTE

«Más vale tener palancas que dinero.»

Elegir el partido político al que se afiliará no siempre es una tarea fácil y más si no hay garantía de los «beneficios» que a la larga le serán otorgados; sin embargo, para muchos ése no es un problema cuando de hacer transa se trata —aunque la finalidad de este decálogo es que procure eliminarla de sus posibilidades—. En cambio, si usted se considera un «neopolítico» que va en contra de hasta el mínimo intento de peculado, tiene la libertad de cambiarse de partido, tal como Rosario Robles, quien poco después de cumplir una década al servicio del partido del sol, giró el timón hacia el tricolor en 2012.

SE DICE EL PECADO, NO EL PECADOR

Es bien sabida la trayectoria oligárquica del Partido Revolucionario Institucional en el que muchas de sus cabezas han avanzado gracias al apadrinamiento —común reflejo de nepotismo—. La carrera de Enrique Peña Nieto no ha sido la excepción, desde que se licenció en derecho, comenzó a integrarse a los círculos priistas con ayuda de sus tíos. Empezó con cargos irrelevantes hasta ir ascendiendo: de diputado local a gobernador del Estado de México y después a presidente de México. Hasta el día de hoy no se le ven ganas de abandonar la cuna que lo vio nacer.

VI

NO MATARÁS

«Tanto peca
el que mata
a la vaca como
el que le agarra
la pata.»

S i no lo eligieron, no insista. Existe una larga lista de mandatarios que no desistieron en su intento por obtener la victoria, sin importarles las cabezas que debían pisar —o cortar, en su defecto— para lograrlo. Otros no quisieron que su contrincante pasara ni una velada sentado en su silla presidencial o simplemente lo «silenciaron» porque les estorbaba en el camino.

Se dice el pecado, no el pecador

En marzo de 1994, el excandidato para la presidencia de la república, Luis Donaldo Colosio, prometió una reestructuración total del sistema político nacional —agraviado por los antiguos mandatos—; muchos políticos mexicanos entendieron la indirecta: los vicios del Estado terminarían si él se apoderaba de la grande. Un par de semanas después, durante un mitin, Colosio recibió dos disparos: uno en la cabeza y otro en el estómago. El agresor fue Mario Aburto Martínez; dicen las malas lenguas que la orden vino directamente de Carlos Salinas de Gortari.

VI

NO COMETERÁS ACTOS IMPUROS

«Acéiteme la mano
—sin albur—.»

Ya sea que estén por elegirlo o que sea un político «consagrado», absténgase un poco en materia sexual. A nadie le importa saber su *sex appeal*, A NADIE. Al aceptar el cargo público, también accede a renunciar a ciertas «libertades» —aunque hasta la fecha varios *diputables* no lo hayan hecho—. Poseer algún grado de poder, no significa que estará libre por la vida sin ninguna pena por andar pidiendo «favores» de índole carnal. A eso se le llama A-CO-SO.

SE DICE EL PECADO, NO EL PECADOR

En 2002, Francisco Solís Peón, mejor conocido como «Pancho Cachondo», vestido únicamente con una bandera del PAN que le cubría las partes «pudendas», se retrató en un bar nocturno junto a una mujer que posaba sobre la barra del lugar. Por otro lado, en 2012, Rubén Escamilla, diputado local del entonces Distrito Federal, fue puesto en evidencia cuando se publicó un video en donde le prometía a una mujer un contrato en la delegación Tláhuac a cambio de una felación.

VII

NO ROBARÁS

«No importa que robe,
pero que salpique.»

La mayoría de los políticos mexicanos han hecho del lema: «Hay que hacer obra porque de la obra siempre sobra» su dogma, debido a que han desviado cantidades exorbitantes de dinero por medio de tácticas ficticias, para cubrir necesidades absurdas como asistencia psicológica para sus mascotas o saciar sus estrafalarios gustos, por no decirles ridículos. Lo más irritante no es la naturaleza de sus excentricidades, sino que el dinero para pagarlas proviene de los impuestos de la población.

SE DICE EL PECADO, NO EL PECADOR

En octubre de 2016, Javier Duarte, exgobernador del estado de Veracruz, pidió licencia para renunciar a su cargo público, argumentando que no tenía tiempo para enfrentar las acusaciones de corrupción en su contra; sin embargo, días después, al enterarse de haber sido imputado por lavado de dinero y delincuencia organizada, decidió desaparecer junto con su familia. Fue aprehendido hasta abril de 2017 en Guatemala; se cree que durante todo ese tiempo la familia subsistió «modestamente» con dinero del erario. Se calcula que el desvío ha sido por, al menos, 223 millones de pesos.

VIII

NO MENTIRÁS

«La honestidad
siempre es
buena, salvo
cuando mentir
es mejor.»

Si ya lo hizo, no la riegue más y cierre la boca. La nación sabe de sobra que en este mandamiento ni «Yisus» ni mucho menos el peso de la ley lo castigarán porque, al parecer, es un defecto genético con el que nacen casi todos los políticos. Si lo hace, sea inteligente y déjese de argumentos ridículos para defender su inocencia.

SE DICE EL PECADO, NO EL PECADOR

En 2004 se publicó el libro *Los demonios del Edén* —de la periodista Lydia Cacho—, el cual reproduce varios testimonios de las víctimas de una red de pederastia y pornografía infantil, quienes aseguraban que estaba liderada por distintos personajes importantes; uno de ellos era el empresario Kamel Nacif. Por estas declaraciones, la autora fue enviada a prisión, según órdenes del entonces gobernador de Puebla, Mario Marín.

A raíz de este caso y después de muchas investigaciones para demostrar la inocencia de Cacho, en 2006 salieron a la luz pública varias grabaciones en las que se exponían llamadas telefónicas que intercambiaron Nacif y Marín, las cuales evidenciaron la alianza del crimen organizado con el gobierno. Tiempo después, una televisora entrevistó a Marín —el «Gober Precioso»— para que aclarara la situación sobre dichas grabaciones; sin embargo, su respuesta fue una de las más increíbles en la historia de la política mexicana: «Esa voz de la grabación no es mía; es decir, sí soy yo, pero no es mi voz».

IX

NO OLVIDARÁS

«El que tiene más saliva,
traga más pinole.»

Si durante su carrera política ya ha hecho demasiadas transas o sandeces y es tan desvergonzado que su ambición apunta hacia un puesto mayor en el gabinete presidencial, intente mantener un bajo perfil para evitar la humillación pública que se merece por todos los errores atroces que cada vez ponen más en duda la estabilidad política del país. Si sólo es un peón de los altos mandos y su carrera política depende de ellos, intente reivindicarse —aunque tal vez nunca lo logre.

SE DICE EL PECADO, NO EL PECADOR

En el año 2010 los medios se inundaron de noticias sobre la desaparición de la niña Paulette Gebara; sus padres —quienes, se dice, fungían como prestanombres del gobierno— aseguraron que había sido secuestrada. Después de semana y media de varias investigaciones e inconsistencias en las declaraciones de los familiares, del personal que la cuidaba y de las autoridades, apareció el cuerpo de la infante debajo de su cama.

En ese entonces Alberto Bazbaz, procurador de justicia del Estado de México, fue quien llevó el caso y concluyó que había sido una muerte accidental; «casualmente» renunció poco tiempo después.

Aunque se cree que Bazbaz encubrió a los culpables de este terrible acontecimiento, en enero de 2018 se le otorgó el nombramiento como titular del Centro de Investigación y Seguridad Nacional —Cisen.

X

NO CODICIARÁS LOS BIENES AJENOS

«Yo puedo más que tú,
le dijo el dinero a la justicia.»

O usted no quiere darse cuenta o nomás se hace pendejo. La gente sabe que ha competido por ganarse la silla presidencial y no le ha funcionado. Genera polémica de la buena y de la mala; envidia al que gana; dice que es un compló, pero también hace compló por todo; piensa que el pueblo lo ama, pero el pueblo no le da su voto y ahí sigue: AFERRADO. Quizás ya no debe andar viendo quién le gana qué y hacer el bien común por otros lares para ganarse a la gente de distinta forma, porque nomás la presidencia no es para usted —puede que sí, pero los astros dicen que «siempre no».

La envidia no genera nada bueno y mucho menos al páncreas o al hígado; deje por la paz ésa que usted llama «lucha» y dedíquese a otra cosa, aunque sea por salud.

SE DICE EL PECADO, NO EL PECADOR

En las elecciones de 2018 Andrés Manuel López Obrador intentará, por tercera vez, convencer al pueblo de que él es el mesías que salvará a México. En 2006, al haber concluido su función como jefe de gobierno del Distrito Federal, y a sabiendas de que poseía la preferencia de la población —según las encuestas—, decidió lanzarse como candidato para la Presidencia de la República; sin embargo, perdió ante el Partido Acción Nacional, representado por Felipe Calderón Hinojosa, en una de las elecciones más cerradas en la historia del país: 35.89% a favor del PAN y 35.33% a favor del PRD. Seis años después volvió a lanzarse —pero al precipicio de la derrota— para perder contra el PRI, recibió el 31.55% frente al 38.21% a favor del partido tricolor.

De los políticos
y una mochadita

Apodos presidenciales

Antonio López de Santa Anna (1833-1835)
El Quince Uñas, por cojo.

José Justo Corro (1836-1837)
El Santo, después de ocupar la silla presidencial, se dedicó a la vida religiosa.

Juan Álvarez Hurtado (1855)
La Pantera del Sur, se ganó el respeto de la gente y lo obedecían sin chistar.

Miguel Miramón (1859-1860)
El Joven Macabeo, el héroe romántico de los conservadores.

Francisco I. Madero (1911-1913)
El Apóstol... de la democracia mexicana.

Álvaro Obregón (1920-1924)
El Manco de Celaya, le faltaba un brazo.

Plutarco Elías Calles (1924-1928)
El Turco, endureció las medidas anticlericales.

Emilio Portes Gil (1928-1930)
El Pelele, sin comentarios.

Pascual Ortiz Rubio (1930-1932)
El Nopalito, por baboso.

Lázaro Cárdenas (1934-1940)
La Esfinge de Jiquilpan, su lugar de nacimiento.

Manuel Ávila Camacho (1940-1946)
General Caballero, generó estabilidad económica al país.

Miguel Alemán (1946-1952)
Míster Amigo, nunca ocultó su simpatía por nuestros vecinos del norte.

Adolfo Ruiz Cortines (1952-1958)
El Faquir, era realmente flaco.

Adolfo López Mateos (1958-1964)
El Golfo de México y **Adolfo López Paseos,** no por trabajador.

Gustavo Díaz Ordaz (1964-1970)
El Chango, Tribilín y **el Trompudo.**

José López Portillo (1976-1982)

El Perro, defendió al peso como un can rabioso.

Miguel de la Madrid (1982-1988)

El Ratón Miguelito, tal vez por… ¿honesto?

Carlos Salinas de Gortari (1988-1994)

El Pelón, el Orejas, Babalucas y el Chupacabras.

Ernesto Zedillo Ponce de León (1994-2000)

Pedillo —porque salió sin querer— y **El Niño de los Dieces** —puesto por Fernández de Ceballos.

Vicente Fox Quesada (2000-2006)

Chente y **la Paloma,** porque cada dos pasos la cagaba.

Felipe Calderón Hinojosa (2006-2012)

El Espurio, Fecal, Zotacón.

Enrique Peña Nieto (2012-2018)

El Copetes, Peñamiento, Penariento.

¿De qué murieron?

GUADALUPE VICTORIA:
epilepsia.

NICOLÁS BRAVO:
envenenado junto con su esposa.

MANUEL DE LA PEÑA Y PEÑA:
cólera.

IGNACIO COMONFORT:
atacado por un grupo
de ladrones.

MIGUEL MIRAMÓN:
fusilado.

VICTORIANO HUERTA:
alcoholismo.

ÁLVARO OBREGÓN:
asesinado por un fanático religioso.

¿Sí fueron presidentes o no?

RÓMULO DÍAZ DE LA VEGA:
21 días.

JAVIER ECHEVERRÍA:
18 días.

ANTONIO LÓPEZ DE SANTA ANNA:
11 días, la novena vez.

NICOLÁS BRAVO:
8 días, la segunda vez.

ANASTASIO BUSTAMANTE:
6 días, la primera vez.

JOSÉ MARÍA BOCANEGRA:
5 días.

JOSÉ IGNACIO PAVÓN:
1 día.

PEDRO LASCURÁIN:
45 minutos.

Sexenios, nacimientos y muertes presidenciales

Veracruz es el estado donde han nacido más presidentes, **6 en total,** después de la **Ciudad de México** que es la más prolífica: la mayoría de los mandatarios vieron ahí **la primera luz del día.**

Benito Juárez es el **único presidente** que ha muerto dentro de **Palacio Nacional.**

Antonio López de Santa Anna

fue presidente por primera vez

a los **39 años,**

sin tener la edad requerida por la Ley.

Juan Álvarez es el candidato más viejo en llegar a la presidencia, tenía **65 años** cuando ocupó el cargo. Según lo describen sus contemporáneos, era de pelo cano, usaba bastón, cojeaba y estaba muy arrugado.

Álvaro Obregón y **José López Portillo** son los únicos presidentes que ganaron con **100%** de la votación. **No tuvieron contrincantes.**

Antonio López de Santa Anna

fue presidente de México en **11 ocasiones,** pero en conjunto gobernó menos de un sexenio.

En total, sirvió durante **5 años y 8 meses.** Menos tiempo que **Benito Juárez.**

De los **59 presidentes** mexicanos hasta **Felipe Calderón,** sólo **19** —menos de la tercera parte— han podido **concluir el periodo** para el cual fueron electos.

En los primeros **cincuenta años** del México independiente, sólo **un presidente** pudo completar su mandato: **Guadalupe Victoria.** Todos los demás, hasta **Benito Juárez,** fueron **derrocados o renunciaron.**

En **1855**, Rómulo Díaz de la Vega ocupó el puesto de **presidente de México** sin **haber sido electo,** designado sin un levantamiento de por medio. Simplemente se puso ahí porque no había **nadie más.** El gusto le duró sólo **22 días.**

El **30** de noviembre de **1911, Francisco I. Madero** se convirtió en el **primer presidente** de la historia **del mundo** en subirse a un avión. El viaje duró **4 minutos.**

Miguel Miramón

fue el presidente **más joven**

de la historia al tomar

la investidura a los

27 años. El **más viejo**

ha sido **Porfirio**

Díaz, que dejó

el cargo a los **80.**

Adolfo Ruiz Cortines

fue el **último presidente** en nacer

en el **siglo XIX.**

COLOFÓN

Este libro fue impreso y terminado en la Ciudad de México,
en el mes de junio de 2018. Se formó con las familias tipográficas
Minion Pro, Helvetica Neue y Magnifika.

EQUIPO EDITORIAL

Dirección editorial: María del Pilar Montes de Oca Sicilia
Dirección de arte: Victoria García Jolly
Edición y corrección: Bricia Martínez Martínez
y Alejandra Santoy Sánchez
Diseño editorial: Jovany Cruz Flores
Asistencia de diseño: Perla Carrizales y Ana Chavana